この本を読むみなさんへ

監修《かんしゅう》　稲田修一《いなだしゅういち》

わたしたちの身のまわりには「データ」があふれています。例えば、買い物をした店や商品とその値段《ねだん》、スマートフォンで見た情報《じょうほう》の検索履歴《けんさくりれき》、健康《けんこう》診断《しんだん》の記録や天気のデータなどです。

このデータが社会を変え、わたしたちのくらしの役に立つと注目されています。注文した商品をすぐにとどけたり、さがしている情報《じょうほう》がどこにあるか教えてくれたり、病気をふせいだり、まちやくらしを災害《さいがい》から守るなど、さまざまな場面で使われているのです。

これを可能《かのう》にしたのは、コンピュータとインターネットの発展《はってん》です。大量のデータをすばやく集めて分析《ぶんせき》し、今まで気づかなかったことや世のなかの変化をすばやく知ることができるようになりました。データを分析《ぶんせき》し、さまざまな課題を解決《かいけつ》するアイデアを考える専門家《せんもんか》を「データサイエンティスト」とよびますが、今では人気の職業《しょくぎょう》です。

データを上手に使うには、集めたデータをまとめたものをじっくり見て「何か変だな？」「どうしてこうなるの？」と感じることがとても大切です。また、課題を解決《かいけつ》する途中《とちゅう》で、さらに新しい課題が見つかることもあります。楽しみながら、でも、ねばり強く続けることが必要です。

この本は、身のまわりにどのようなデータがあるのか、データがなぜ注目されているのか、データで社会やくらしがどう変わるのか、そして、どうすればデータを使えるようになるのかを説明しています。この本を読んでデータにくわしくなり、「データっておもしろい！」と思ってもらえれば幸いです。

※このシリーズは、とくに断《ことわ》りのないかぎり、2021年10月現在《げんざい》の情報《じょうほう》にもとづいています。

監修
早稲田大学
研究戦略センター教授
稲田修一

指導協力
早稲田大学
教育・総合科学学術院教授
小林宏己

データで変わる！産業とくらし

1

データを知ろう

小峰書店

もくじ

データって何？

データの歴《れき》史《し》は長い

ここがすごい！

知っておこう

わたしたちと一緒《いっしょ》に

見ていこう

データ博士《はかせ》

データを使った課題解決《かいけつ》の専門家《せんもんか》。データ学園小学校で、データの大切さや楽しさを教えている。

ヒデ君

データ学園小学校の5年生。社会科でデータについて学習し、もっとくわしく知りたいと思っている。

ノリちゃん

データ学園小学校の5年生。ヒデ君とはおさななじみで同じクラス。いつも一緒《いっしょ》に勉強している。

データって何？

きみをデータであらわしてみよう

「データ」というと、身長や体重といった数値《すうち》が思いうかびますが、実はそれだけではありません。データとは何か、それを知ることから始めましょう。

実際《じっさい》にあること、行動、気持ち すべてがデータになる

「データ」とは、実際《じっさい》の出来事や行動、気持ちについて記録したもののことです。

自己紹介《じこしょうかい》のときに伝える、あなたの年齢《ねんれい》や身長、血液型《けつえきがた》や家族構成《かぞくこうせい》、好きな食べ物、さらに、勉強時間やテストの点数、ゲームの時間や最高得点《とくてん》、ねた時間や起きた時間、「楽しい」や「つかれた」という気持ちなど、すべてがあなたをあらわすデータになります。

基本《きほん》データ

- 名前：小峰《こみね》ヒデ
- 生年月日：2010年6月20日（11才）
- 性別《せいべつ》：男
- 身長：140cm
- 体重：35.4kg
- 家族構成《かぞくこうせい》：父・母・姉・犬

たくさんのデータから、特徴《とくちょう》が見えてくる

データは、ただ集めただけでは意味をもちません。集めたたくさんのデータを整理すると、「情報《じょうほう》」になります。情報《じょうほう》をもとに、「どんな特徴《とくちょう》があるのか」を考えることが重要です。それによって、一つひとつのデータではわからなかったことについて、「なるほど！」という発見が生まれます。

その発見は、データの特徴《とくちょう》を理解《りかい》したり何かを判断《はんだん》したりするときに役立ちます。

くらしのデータ①

［平日のすごし方］

- 7:30 起床《きしょう》
- 7:40 朝食
- 8:10 登校
- 14:40 下校
- 17:00 犬の散歩
- 18:30 夕食
- 20:00 テレビゲーム
- 22:00 就寝《しゅうしん》

くらしのデータ②

［好きなこと］

- サッカー・テレビゲーム
- 得意科目《とくいかもく》：体育・社会

［苦手なこと］

- 早起き
- 苦手科目：算数・理科

くらしのデータ③

［休日のすごし方］

- 土曜日：
  サッカーチームの練習
- 日曜日：
  お母さんと買い物に行く

データって何？

きみのまわりはデータでいっぱい

毎日のくらしのなかにも、データはたくさんあります。
データを身近に感じるために、まずは家のなかをさがしてみましょう。

身長や体重

身長や体重も立派《りっぱ》なデータ。記録をとり続けると、成長《せいちょう》過程《かてい》や健康状態《けんこうじょうたい》が見えてきます。

電気・ガス・水道の使用量

電気やガス、水道・下水道は、使った分だけお金をはらうため、どのくらい使ったかのデータがとられています。

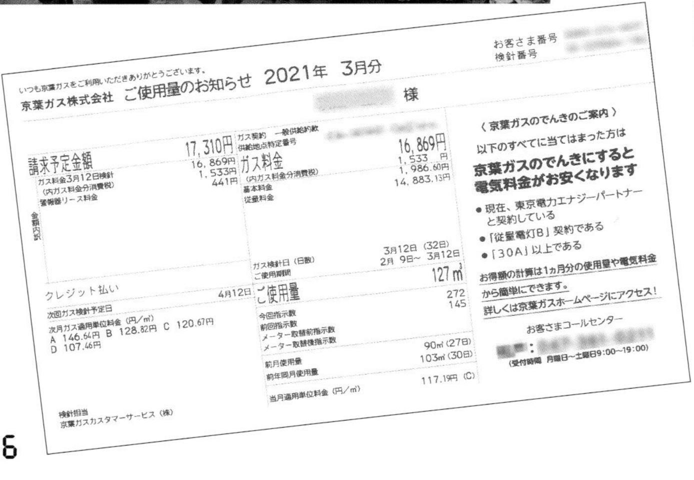

いつも京葉ガスをご利用いただきありがとうございます。
京葉ガス株式会社　ご使用量のお知らせ　2021年　3月分

様

お客さま番号
検針番号

請求予定金額 17,310円
ガス料金3月12日検針 16,869円
（内ガス料金分消費税） 1,533円
警報器リース料金 441円
金額内訳

ガス契約　一般供給約款
供給地点特定番号
ガス料金 16,869円
（内ガス料金分消費税） 1,533　円
基本料金 1,986.60円
従量料金 14,883.13円

ガス検針日（日数） 3月12日（32日）
ご使用期間 2月 9日～ 3月12日
ご使用量 127 m³
今回指示数 272
前回指示数 145
メーター取替前指示数
メーター取替後指示数
前月使用量 90㎥（27日）
前年同月使用量 103㎥（30日）
当月適用単位料金（円／㎥） 117.19円（C）

クレジット払い
次回ガス検針予定日 4月12日
次月ガス適用単位料金（円／㎥）
A 146.64円　B 128.82円　C 120.67円
D 107.46円

検針担当
京葉ガスカスタマーサービス（株）

〈京葉ガスのでんきのご案内〉
以下のすべてに当てはまった方は
京葉ガスのでんきにすると
電気料金がお安くなります
● 現在、東京電力エナジーパートナーと契約している
●「従量電灯B」契約である
●「30A」以上である
お得額の計算は1ヵ月分の使用量や電気料金から簡単にできます。
詳しくは京葉ガスホームページにアクセス！
お客さまコールセンター
（受付時間　月曜日～土曜日9:00～19:00）

とったデータは「使用量のお知らせ」として、各家庭にとどく。使用量や請求金額《せいきゅうきんがく》以外にも、使用期間・前回や前年の使用量などさまざまな情報《じょうほう》がのっている。

ゲームの記録

ゲームをしていた時間や得点《とくてん》、ゲームのなかでの戦いや旅など、遊んで記録されたものはすべてデータです。

インターネットで調べた・見た記録

インターネットを使うと、だれがいつ、何のページをどのくらい見たかなどがデータとして記録されます。調べた記録を「検索履歴《けんさくりれき》」、見た記録を「閲覧履歴《えつらんりれき》」といいます。

レシート・家計簿《かけいぼ》

レシートには、商品名、値段《ねだん》、個《こ》数《すう》、支払《しはら》った金額《きんがく》、店の名前、購入《こうにゅう》日時などが記録されています。家《か》計簿《けいぼ》をつけるのは、これらのデータを家計に役立てるためです。

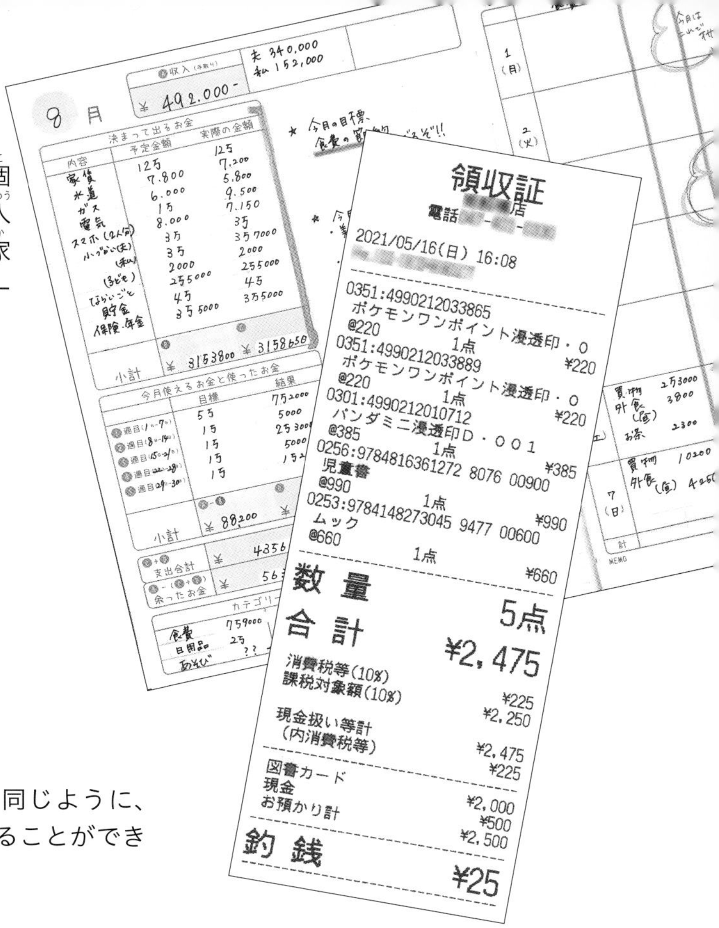

体温

身長や体重と同じように、体の状態《じょうたい》を知ることができます。

言葉・写真・動画の投稿《とうこう》

インターネットを使って投稿《とうこう》したり共有したりした言葉や写真なども、だれがいつ、どんなことをしているかというデータです。

観察記録

例えば植物なら、日付、天気、花の色・形、花が開く時刻《じこく》、とじる時《じ》刻《こく》など。細かく記録するほど、データはふえていきます。

テレビ・新聞の報道《ほうどう》

テレビ局や新聞社には、政《せい》治《じ》・経済《けいざい》のニュース、天気予《よ》報《ほう》やスポーツの試合結果など、データがたくさん集められ、情報《じょうほう》として報道《ほうどう》されます。

くらしのデータは社会ともつながっている

こうしたデータは、社会でもさまざまに役立てられています。例えばレシートのデータは、そのお店や商品をつくっている会社でも使われます。人々の買い物データから「何が売れているか」「どんな人が買っているか」といった情報《じょうほう》をえて、商品の開発・改良などに役立てているのです。

まちのなかもデータであふれている

たくさんの人や物が移動《いどう》するまちのなかでは、さまざまな目的でデータが使われています。気づかないところ、思いがけないところでデータは集められています。

[書かれていること]
物の名前
①集めるデータ
②データを使う目的

あらゆる物からデータが集められている

最近は、まちにあるさまざまな物にセンサーという小型《こがた》の機器をつけてデータを集めるようになっています。集まったデータはインターネットによって、必要なところにとどけられます。これを「IoT《アイオーティー》（▶22ページ）」とよびます。車や電車などの乗り物、ビルなどの建物、建設機械《けんせつきかい》、自動販売機《じどうはんばいき》、電気製品《でんきせいひん》などにとりつけられたセンサーが、集めにくかったデータを簡単《かんたん》に集め、活用できるようになっているのです。

バス停《てい》
①バスの現在地《げんざいち》など
②到着予定時刻《とうちゃくよていじこく》のお知らせなど、快適《かいてき》な利用

自動車
①近づく人や物との距離《きょり》、車の前後の画像《がぞう》など
②安全な運転

「カーナビゲーションシステム」では、地図データの上に、車の現在地《げんざいち》や混雑状況《こんざつじょうきょう》・事故情報《じこじょうほう》などのデータを表示《ひょうじ》している。

（アフロ）

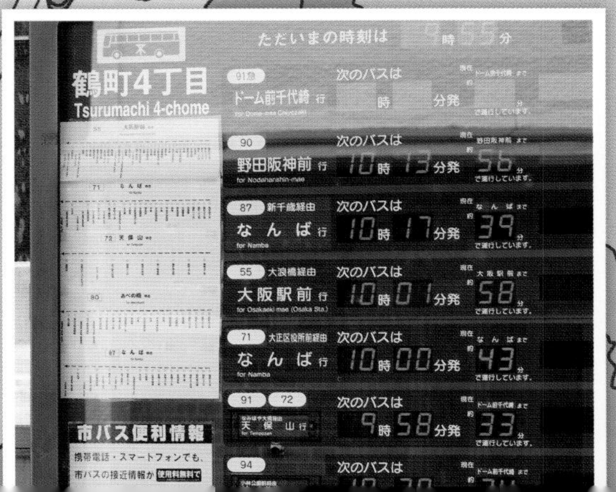

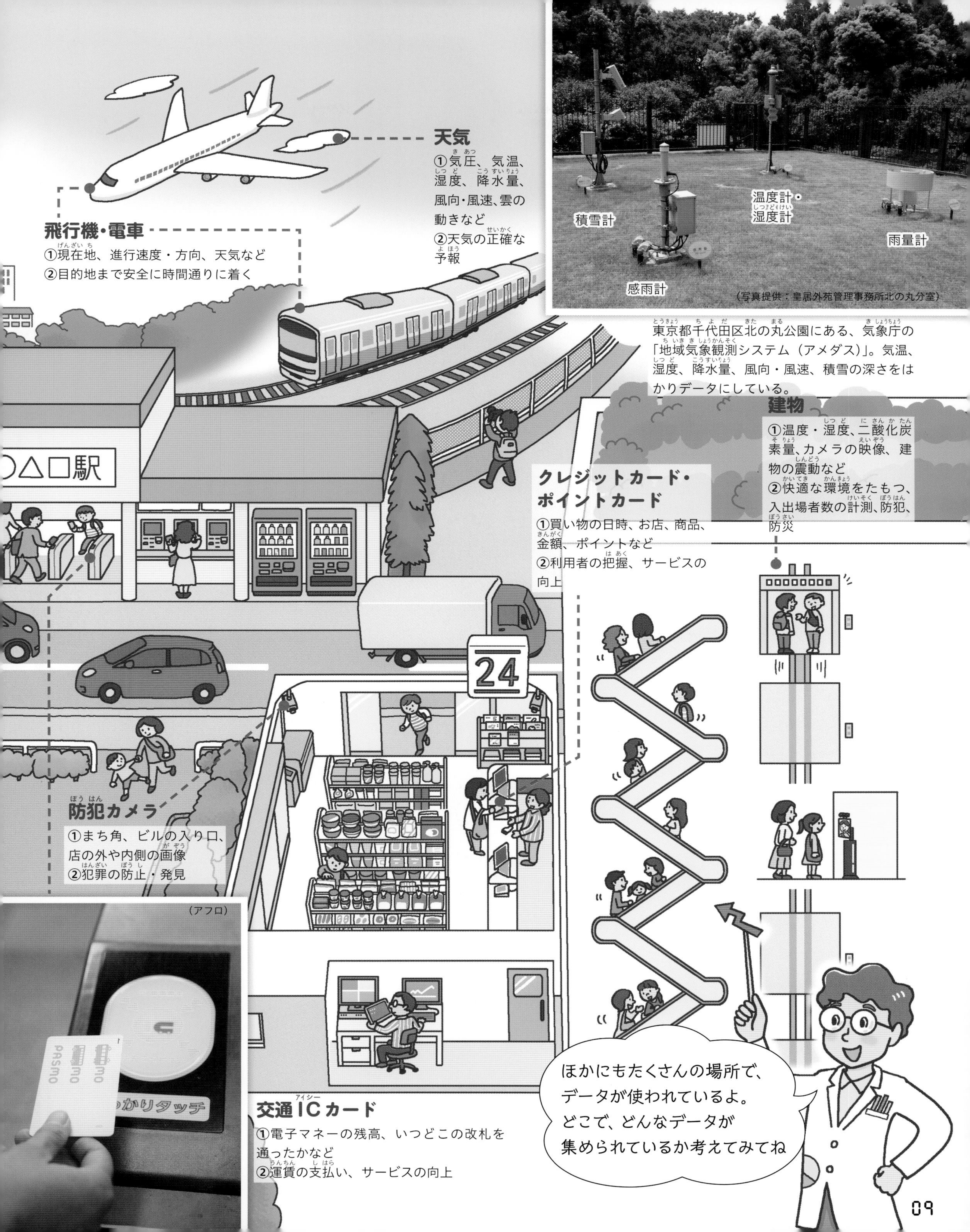

飛行機・電車

①現在地《げんざいち》、進行速度・方向、天気など
②目的地まで安全に時間通りに着く

天気

①気圧《きあつ》、気温、湿度《しつど》、降水量《こうすいりょう》、風向・風速、雲の動きなど
②天気の正確《せいかく》な予報《よほう》

（写真提供：皇居外苑管理事務所北の丸分室）

東京都《とうきょう》千代田《ちよだ》区北《きた》の丸《まる》公園にある、気象庁《きしょうちょう》の「地域気象観測《ちいききしょうかんそく》システム（アメダス）」。気温、湿度《しつど》、降水量《こうすいりょう》、風向・風速、積雪の深さをはかりデータにしている。

建物

①温度・湿度《しつど》、二酸化炭《にさんかたん》素量《そりょう》、カメラの映像《えいぞう》、建物の震動《しんどう》など
②快適《かいてき》な環境《かんきょう》をたもつ、入出場者数の計測《けいそく》、防犯《ぼうはん》、防災《ぼうさい》

クレジットカード・ポイントカード

①買い物の日時、お店、商品、金額《きんがく》、ポイントなど
②利用者の把握《はあく》、サービスの向上

防犯《ぼうはん》カメラ

①まち角、ビルの入り口、店の外や内側の画像《がぞう》
②犯罪《はんざい》の防止《ぼうし》・発見

（アフロ）

交通IC《アイシー》カード

①電子マネーの残高、いつどこの改札を通ったかなど
②運賃《うんちん》の支払《しはら》い、サービスの向上

データって何？

今、データを使う仕事が大注目！

まちにあふれるデータは、正しく集め、分析《ぶんせき》することで社会に役立ちます。このデータを社会に役立てる仕事が、今とても注目されています。

さまざまな課題にいどむ データのスペシャリスト

必要なデータを集め、分析《ぶんせき》し、課題解決《かいけつ》に役立てる専門家《せんもんか》を「データサイエンティスト」といいます。データサイエンティストの仕事には、三つの力が必要です。

一つ目は「課題を見つける力」。二つ目はそのために必要なデータを「集めて分析《ぶんせき》する力」。三つ目は、分析《ぶんせき》してわかった結果を「課題の解決《かいけつ》に役立てる力」です。

データによって新しい発見が生まれ、くらしや社会をよりよいものにできることから、ますます活躍《かつやく》の場がふえています。

アメリカの経済学者《けいざいがくしゃ》ハル・ヴァリアンは、2009年に、「今後10年間でもっともセクシー（魅力的《みりょくてき》）な職業《しょくぎょう》は統計学者《とうけいがくしゃ》」という話をしています。これをきっかけに、データサイエンティストが注目されるようになりました。データの活用が日本よりも進んでいるアメリカでは、学生に人気の職業《しょくぎょう》です。

6つのステップで解決《かいけつ》へとみちびく

データサイエンティストの仕事を、くわしく見てみましょう。6つのステップに分けることができます。

ステップ1 課題を見つける

「どうしたらいいの？」「もっとよい方法はない？」という課題を見つけます。こまっている人と話しながら見つけることもあります。

ステップ2 解決《かいけつ》に向けて計画を立てる

いつ、どんなときにこまるのかなどを考え、集めるデータの種類や方法、センサーなどの機械の設置《せっち》場所《ばしょ》を計画します。

ステップ3 必要なデータを集める

必要なデータを正しく集め、記録します。センサーを使うときは、センサーが故障《こしょう》したり、まちがったデータを集めたりしないように気をつけます。

アメリカでは人気な仕事ランキングの常連《じょうれん》

アメリカの求人サイト・グラスドア社は、給料・仕事の満足度・求人数から、毎年「人気の仕事ランキング」を発表しています。データサイエンティストは、2016年以降《いこう》ずっと上位にランクインしています。

(Splash/アフロ)

データサイエンティストをセクシー（魅力的《みりょくてき》）と発言したハル・ヴァリアン。検索《けんさく》エンジンで有名な「Google《グーグル》」を成功へみちびいた一人。

Key word

データエンジニア・データアナリスト

データサイエンティストが行う6ステップには、データを使いやすいように整理・管理する「データエンジニア」や、専門知識《せんもんちしき》でデータを分析《ぶんせき》する「データアナリスト」もかかわっています。それぞれの分野を専門《せんもん》に行う職業《しょくぎょう》もデータ活用をささえています。

ステップ4

データを分析《ぶんせき》する

集めたデータから特徴《とくちょう》や傾《けい》向《こう》をさがし、課題の原因《げんいん》を推測《すいそく》します。解決《かいけつ》につながる情報《じょうほう》が見つかるまでくり返します。課題を見直したり、集めるデータを変えたりすることもあります。

ステップ5

結論《けつろん》を出す

分析《ぶんせき》した結果をまとめ、こまっている人などと共有して、「なるほどこういうことなら、こうすれば解決《かいけつ》できそうだ」と納得《なっとく》できる答えを見つけます。

ステップ6

解決《かいけつ》に役立てる

最初の課題を解決《かいけつ》するために何をしたらよいのか、最《さい》適《てき》な方法を提案《ていあん》します。データを活用する最大の目的はここにあります。

\ 実際《じっさい》の話を聞いてみよう！ /

データサイエンティストにインタビュー

社会で活躍《かつやく》するデータサイエンティストに、どんな仕事をしているのか、さらに楽しさ、大変さを聞いてみました。

\ ウェブサイトで商品を販売《はんばい》し、とどける /

アスクル株式会社《かぶしきがいしゃ》
町《まち》田《だ》賢《けん》一《いち》さん

データサイエンティスト歴《れき》10年

「お客さんがほしい商品を、いち早くとどけるためにデータを活用しています」

　わたしはお客さんが“ほしい”と思ったときに、その商品があるサイトまですぐにたどり着き、スムーズに注文できるよう、データを使ったいろいろなサービスをつくっています。

　何か問題を解決《かいけつ》するときは、経験《けいけん》や勘《かん》をたよりに考えがちですが、それらにはいらない情報《じょうほう》がまざっていることが多いです。一方データには、いらない情報《じょうほう》はふくまれず事実だけがあらわれます。事実だけを見ることで新たな発見があり、それがみんなの役に立つことにつながるかもしれない、これがデータ活用のおもしろいところです。

\ こんなことも聞いてみました /

Q 算数が苦手でもデータサイエンティストになれますか？

なれると思います。わたしも小学生のときは算数が苦手でした。でも、大人になって働くと意外と算数が必要で、ふれているうちに楽しさがわかるようになりました。

Q データを使うのは大変？

10～11ページの6ステップのうち、課題の設定《せってい》とデータ集めが、むずかしくて大変です。しかし、それさえきちんとできていれば、あとは流れにそって進められると思います。

Q どうしてデータサイエンティストになったのですか？

会社でデータ集計の担当《たんとう》になり、分《ぶん》析《せき》もまかされるようになったのがきっかけです。データがもつ可能性《かのうせい》やおもしろさにひかれて勉強していたら、いつのまにかデータサイエンティストになっていました。

地震《じしん》データから被害《ひがい》を予測《よそく》する

防災科学技術研究所《ぼうさいかがくぎじゅつけんきゅうしょ》
中村洋光《なかむらひろみつ》さん

データサイエンティスト歴《れき》20年

「データからみちびいた被害予測《ひがいよそく》が、災害時《さいがいじ》に役立ったときはとてもうれしいです」

わたしの仕事は、大地震《おおじしん》発生直後の人や建物の被害状況《ひがいじょうきょう》を予測《よそく》するシステムをつくることです。被害状況《ひがいじょうきょう》の予測《よそく》には、地震《じしん》によるゆれ、人の動き、建物などのデータが必要です。実際《じっさい》に地震《じしん》が起きたときに、これらのデータを瞬時《しゅんじ》に集め、コンピュータがすばやく計算し、予測《よそく》結果を出します。

数年前から、予測《よそく》結果を公表し始めたことで、実際《じっさい》の大地震《おおじしん》のときに使われるようになってきました。システムが正しく動いてきちんと被害予測《ひがいよそく》を出し、それが災害時対策《さいがいじたいさく》に役立てられたときは、とてもうれしいです。

こんなことも聞いてみました

Q データ分析《ぶんせき》は一人でする仕事？

チームで行います。地震《じしん》による被害予測《ひがいよそく》にかかわるデータは膨大《ぼうだい》で、課題もたくさんあります。データサイエンティストをふくむ30名くらいがチームに分かれて分析《ぶんせき》し、課題を解決《かいけつ》しています。

Q 小学生のときはどんな子どもでしたか？

理科の実験が大好きでした。4～5年生のときには、校舎裏《こうしゃうら》に田んぼをつくって米づくりに熱中し、一人で毎日こつこつ世話していました。収穫《しゅうかく》した米はおいしかった！

Q どうしてデータサイエンティストになったのですか？

小さいころから地震《じしん》がきらいで、“なんとかしたい”という思いがあり、大学生のとき、大学で地震《じしん》の強いゆれについて研究しました。このときにたくさんのデータを見たり、分析《ぶんせき》したりしたことがきっかけかなと思います。

データの歴《れき》史《し》は長い

始まりは古代エジプト!?

今から4000 ～ 5000年前の古代エジプトでは、すでにデータが使われ、実際《じっさい》の生活に役立っていました。

毎年、小麦を収穫《しゅうかく》するためにデータを集めた

「エジプトはナイルの賜物《たまもの》（天や神様からいただいたもの）」という言葉があります。ナイル川が増水《ぞうすい》してあふれ出ると、養分のゆたかな土砂《どしゃ》がつもり、洪水《こうずい》後に植えた小麦がよく育つためです。

洪水《こうずい》の原因《げんいん》になる大雨は、ナイル川のずっと上流でふるため、下流に住む古代エジプトの人々はどうにかして洪水《こうずい》の時期を予測《よそく》する必要がありました。そこで、星と太陽の位置、川の水量変化などを観察し、そのデータにより、星の動きが約365日ごとにくり返されることを見つけ、洪水《こうずい》の時期を予測《よそく》できるようになりました。これにより、毎年確実《かくじつ》に小麦を収穫《しゅうかく》できるようになったのです。

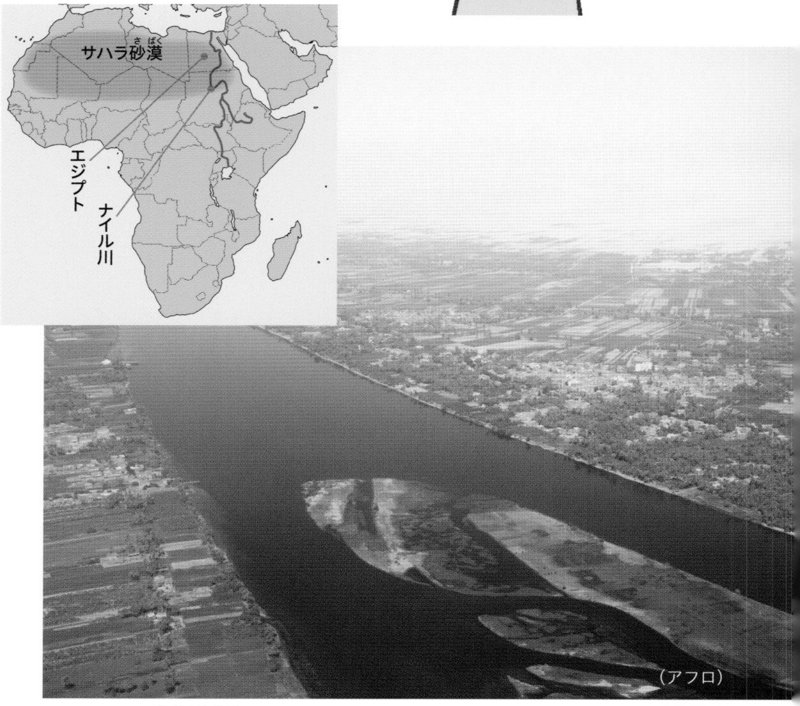

エジプトは砂漠地帯《さばくちたい》でほとんど雨がふらない。このため、ナイル川は貴重《きちょう》な水資源《みずしげん》であり、洪水《こうずい》はゆたかな土をもたらすものだった。

こんなふうに課題を解決《かいけつ》した

洪水《こうずい》で土地がゆたかになるのはありがたいけれど、いつ起こるかわからなければ種まきはできません。古代エジプトの人々は、種をまくのにいちばんよい時期をさぐるため、次のように考えたかもしれません。

これはすごい!!

ピラミッドの建設《けんせつ》にもデータが使われた

古代エジプトの王の墓《はか》であるピラミッドの建設《けんせつ》は、ナイル川が洪水《こうずい》を起こして農作業ができない季節に行われました。増水《ぞうすい》した川は、さまざまな建設材料《けんせつざいりょう》を船で運ぶのにも都合がよかったのです。

古代エジプトの役人は、全国のどの村に何人住んでいて、どれだけの人がピラミッドの建設《けんせつ》を手伝えるのか、そのために必要な食料はどれだけかなど、計画を立てるためにもデータを使っていました。

「クフ王」のピラミッドは 2.5 ～ 7 トンの四角く巨大《きょだい》な石を 158 段《だん》もつみ上げてつくられている。石の数はおよそ 230 万個《こ》、高さは約 147 メートル、底辺は約 230 メートルもある。 （アフロ）

シリウスは「冬の大三角」を形づくる星の一つ。地球からもっとも明るく見える。

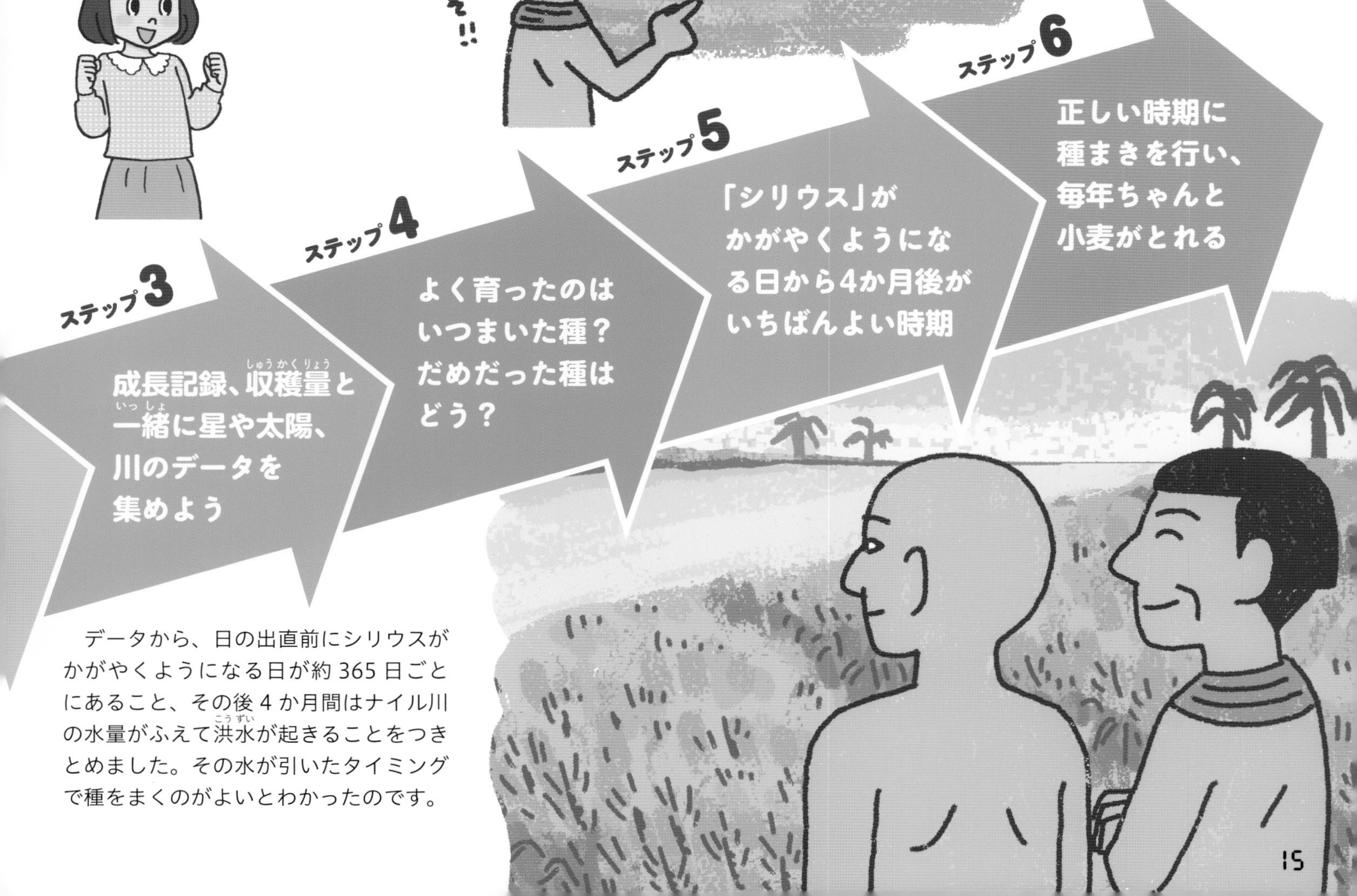

データから、日の出直前にシリウスがかがやくようになる日が約 365 日ごとにあること、その後 4 か月間はナイル川の水量がふえて洪水《こうずい》が起きることをつきとめました。その水が引いたタイミングで種をまくのがよいとわかったのです。

世界の偉人《いじん》もデータで活躍《かつやく》

16世紀《せいき》には、世界中でデータが使われるようになりました。
国を守るため、人々を守るため、データは使われていたのです。

国の維持《いじ》、発展《はってん》のために データを重要視《じゅうようし》した

16～17世紀《せいき》のヨーロッパでは、自然災害《しぜんさいがい》などで作物がとれずに人々が食べ物にこまったり、感染症《かんせんしょう》などの病気がたびたび流行したりしました。このため、生まれたばかりの子どもが亡《な》くなることが多かったのです。さらに、土地をめぐって国どうしの戦争がひんぱんに起こりました。

自分の国をまとめ、発展《はってん》させるためには、国の面積、生まれる子どもや亡《な》くなる人の数などをデータとしてきちんと把握《はあく》することが必要でした。こうした考えは、遠くはなれた日本でも同じでした。

データを駆使《くし》した皇帝《こうてい》だった!?

ナポレオン・ボナパルト

(1769～1821年)

フランスのナポレオンは、データを集めて分析《ぶんせき》する統計《とうけい》を「計画を立てるために前もって必要なものである」と考え、重要視《じゅうようし》していました。

そこで、国のデータを整備《せいび》する「統計局《とうけいきょく》」をつくりました。また、集めたデータをだれでもわかるようにグラフにして見せました。政策《せいさく》の決定や戦争による被《ひ》害《がい》の報告《ほうこく》に積極的に使っていたとされています。

データを使って税金《ぜいきん》を集めた

豊臣秀吉《とよとみひでよし》

(1537～1598年)

全国統一《ぜんこくとういつ》をとげた秀吉《ひでよし》は、共通の単位を決めて日本全土の田畑の面積をはかり、正《せい》確《かく》な収穫量《しゅうかくりょう》を計算できるようにしました。これによって、税金《ぜいきん》をきちんと集められるようにしたのです。調べた田畑の面積や収《しゅう》穫量《かくりょう》は、税金《ぜいきん》をおさめた人の名前とあわせて「検地帳《けんちちょう》」という記録表にまとめられました。

データをグラフにして
うったえた

フローレンス・ナイチンゲール

(1820～1910年)

イギリスで看護師《かんごし》をしていたナイチンゲールは、戦争での兵《へい》士《し》の死亡者数《しぼうしゃすう》や原因《げんいん》についてデータをとりました。この結果をもとに、戦争によるけがよりも兵士《へいし》を治療《ちりょう》する病院の衛生状《えいせいじょう》態《たい》の悪さに問題があることをしめし、グラフを使って環境《かんきょう》の改《かい》善《ぜん》をうったえました。ナイチンゲールの活躍《かつやく》で病院の衛生状態《えいせいじょうたい》は改善《かいぜん》され、亡《な》くなる兵士《へいし》の数は大きくへりました。

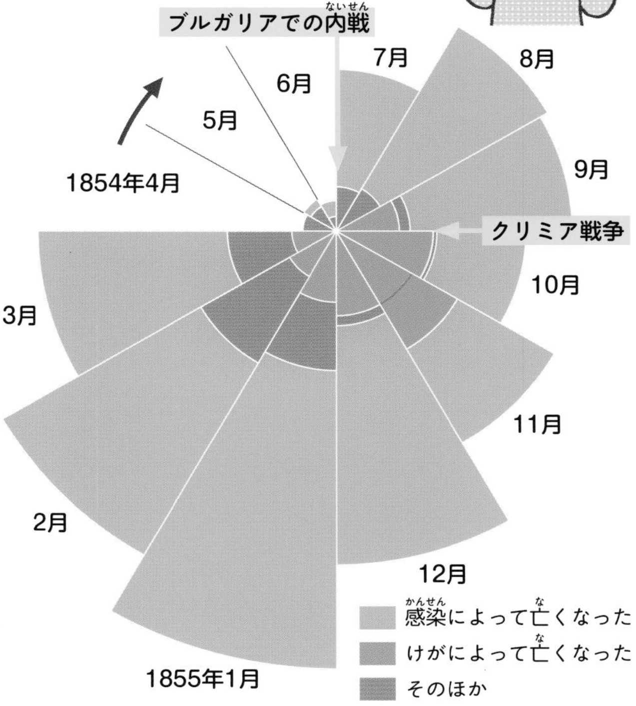

ナイチンゲールがつくったグラフ。円を12 等分して毎月の亡《な》くなった人の数を原因《げんいん》ごとに色分けした。けがよりも、不《ふ》衛生《えいせい》なために感染症《かんせんしょう》で亡《な》くなる兵士《へいし》が多いことがわかる。

※クリミア戦争は、1853 ～ 1856 年にロシアとイギリス・フランスなどが戦った戦争。

「統計学《とうけいがく》」という学問も生まれた

18世紀《せいき》のヨーロッパでは、データの集め方や使い方についての研究も進みました。

イギリスでは、教会にある出生や死亡《しぼう》のデータから、当時の子どもが「6才までには、10人に3～4人が亡《な》くなる」ことなどを調べ、一部のデータから大きな物事をとらえる「規則性《きそくせい》」の研究が進みました。ドイツでは、人口や産業の調査《ちょうさ》を行って国の状態《じょうたい》を把握《はあく》する「国勢学《こくせいがく》」が始まりました。また、フランスでは、サイコロ遊びをヒントに「当たるか当たらないかの割合《わりあい》」を計算する「確率《かくりつ》」が研究されていました。

ベルギーで有名だった数学者・天文学者のアドルフ・ケトレーは、データの集め方を国際的《こくさいてき》に統《とう》一《いつ》し、共通して使うことをめざした国際会議《こくさいかいぎ》を開き、世界に「統計学《とうけいがく》」を広めました。

近代統計学《きんだいとうけいがく》の父

アドルフ・ケトレー

(1796～1874年)

ケトレーは、規則性《きそくせい》や国勢学《こくせいがく》・確率《かくりつ》の研究に加えて、星の観察方法を社会や人間の観察に使うことを思いつきました。それを『人間について』という本にまとめ、あらゆる人のデータを集めてその平均《へいきん》をしめした「平均人《へいきんじん》」を紹介《しょうかい》しました。本は大ヒットし、一般《いっぱん》の人々にもデータや統計《とうけい》のおもしろさや使い方が広がりました。

データの歴史《れきし》は長い

日本の統計《とうけい》は100年前から

日本では、明治政府《めいじせいふ》が政治《せいじ》を行うために、ヨーロッパのさまざまな考えを取り入れました。その一つが「統計学《とうけいがく》」であり、国の情勢《じょうせい》を知ることができる「国勢調査《こくせいちょうさ》」でした。

長い準備期間《じゅんびきかん》をへて 1920年にスタート

明治時代《めいじじだい》のはじめ、たくさんの政治家《せいじか》や教育者が、ヨーロッパの統計学《とうけいがく》に強く影響《えいきょう》を受けていました。国の実態《じったい》を、数字を使って正しく知ることが、政策《せいさく》や教育、経済《けいざい》に大きく関係するからです。

特に、明治政府《めいじせいふ》にいた杉亨二《すぎこうじ》は、日本国民全員を直接《ちょくせつ》たずねて正しいデータを集め、分析《ぶんせき》する国勢調査《こくせいちょうさ》の必要性《ひつようせい》をうったえ続けました。当時の日本には、生まれ、死亡《しぼう》、引っこしを家族ごとに記録した「戸籍制度《こせきせいど》」がありましたが、きちんととどけ出ない人も多く、正確《せいかく》ではなかったためです。

しかし、国民全員をもれなく調べるには、現代《げんだい》のお金で約36億円もかかるとされました。そして、ようやく1920年に実現《じつげん》した初めての国勢調査《こくせいちょうさ》は、“お祭りさわぎ”だったといわれています。

マークカード方式では、当てはまる回答欄《かいとうらん》に印をつけると、その部分をコンピュータが読み取ってくれる。3年以上かかっていた集計が、1年4か月になった。右の写真は1970年の調査票《ちょうさひょう》。

（18ページの写真：総務省統計局）

◆国勢調査《こくせいちょうさ》のあゆみ

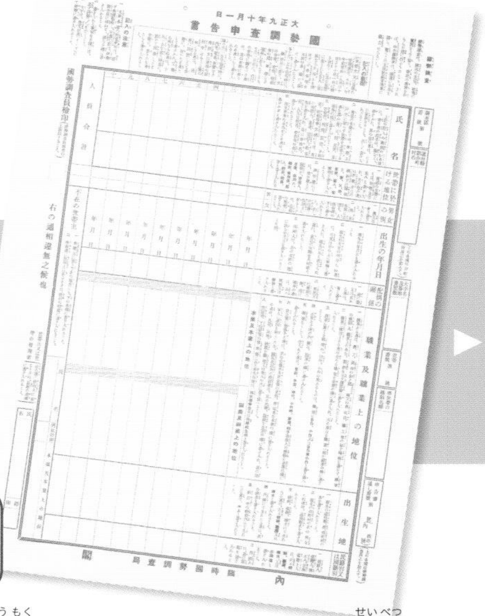

1920年（大正《たいしょう》9年） 第1回

基本《きほん》となる8項目《こうもく》を調査《ちょうさ》

第1回目の調査項目《ちょうさこうもく》は、氏名、世帯主との関係、性別《せいべつ》、生年月日、結婚《けっこん》しているか、職業《しょくぎょう》と地位、出生地、国籍《こくせき》だけ。出生地以外の項目《こうもく》は、現代《げんだい》の調査票《ちょうさひょう》にも引きつがれている。

1965年（昭和《しょうわ》40年） 第10回 ▶ 1970年（昭和《しょうわ》45年） 第11回 ▶ 1975年（昭和《しょうわ》50年） 第12回 ▶ 1980年（昭和《しょうわ》55年） 第13回 ▶

集計にマークカード方式を入れた（第10回）

高齢者《こうれいしゃ》・母子世帯の集計が行われた（第13回）

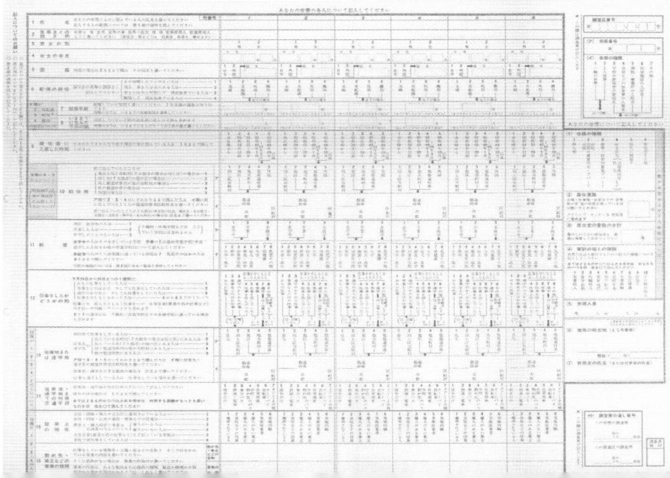

戦争・終戦によって、調査《ちょうさ》内容は大きく変わった

国勢調査《こくせいちょうさ》は5年ごとに行われ、家族構成《かぞくこうせい》などの基本的《きほんてき》なデータのほか、その時代に必要なデータも集め、物事の変化の様子を分析《ぶんせき》しています。

1941〜1945年の太平洋戦争中には、食料の配布《はいふ》や兵士《へいし》を集めることに利用されました。終戦後、1947年に行われた臨時《りんじ》の調査《ちょうさ》では、外国から日本にもどった人かどうか、仕事を失っていないかなどのデータを集めて、戦争後の困難《こんなん》から回復《かいふく》するために使われました。

- 1925年（大正《たいしょう》14年）第2回
- 1930年（昭和《しょうわ》5年）第3回 — 世界的な大不況《だいふきょう》を受け、「失業」について調べた
- 1935年（昭和《しょうわ》10年）第4回
- 1940年（昭和《しょうわ》15年）第5回 — 戦争に向けて、職業《しょくぎょう》をくわしく調べた
- 1947年（昭和《しょうわ》22年）第6回 — 終戦後初めての臨時《りんじ》の調査《ちょうさ》
- 1950年（昭和《しょうわ》25年）第7回 — 出産ブームを受け、出産・教育をくわしく調べた
- 1955年（昭和《しょうわ》30年）第8回
- 1960年（昭和《しょうわ》35年）第9回 — 集計にコンピュータを使った（▶20ページ）
- 1985年（昭和《しょうわ》60年）第14回
- 1990年（平成《へいせい》2年）第15回 — 外国人の集計を充実《じゅうじつ》させた
- 1995年（平成《へいせい》7年）第16回
- 2000年（平成《へいせい》12年）第17回
- 2005年（平成《へいせい》17年）第18回 — 電子データでの公表が始まった
- 2010年（平成《へいせい》22年）第19回 — 翌年《よくとし》に起こった東日本大震災《ひがしにほんだいしんさい》の被害把握《ひがいはあく》に役立った
- 2015年（平成《へいせい》27年）第20回 — インターネット回答が全国で始まった
- 2020年（令和《れいわ》2年）第21回 — 新型《しんがた》コロナウイルス感染症《かんせんしょう》が流行するなか行われた

1960年代からは、デジタル化が一気に進んだ

調査《ちょうさ》内容の変化と同様に、集計方法も少しずつ発展《はってん》しました。1960年に導入《どうにゅう》された大型《おおがた》コンピュータに始まり、マークカード方式などによって、データをすばやく集計できるようになりました。集計結果を電子データとして公表するようにもなり、国や地方だけでなく、企業《きぎょう》、研究機関など、さまざまな人が利用できるようになっています。

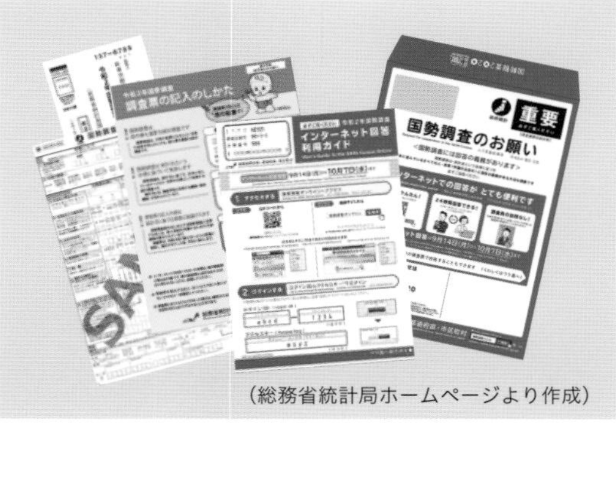

（総務省統計局ホームページより作成）

現在《げんざい》の調査票《ちょうさひょう》。調査員《ちょうさいん》が用紙を回収《かいしゅう》する、郵送《ゆうそう》で提出《ていしゅつ》するほか、インターネット回答もできるようになった。

データの歴史《れきし》は長い

21世紀《せいき》、データが革命《かくめい》を起こす

古代エジプトから続くデータ活用は、21世紀《せいき》に大きく変化します。そのきっかけをつくったのが、今のくらしに欠かせない「コンピュータ」や「インターネット」です。

コンピュータが登場

（撮影者不明 -U.S. Army Photo/Wikimedia Commons）

（総務省統計局）

上の写真が世界初の大型《おおがた》コンピュータ「ENIAC《エニアック》」。左の写真は、日本の国勢調査《こくせいちょうさ》の集計にコンピュータが使われ始めたときの様子。

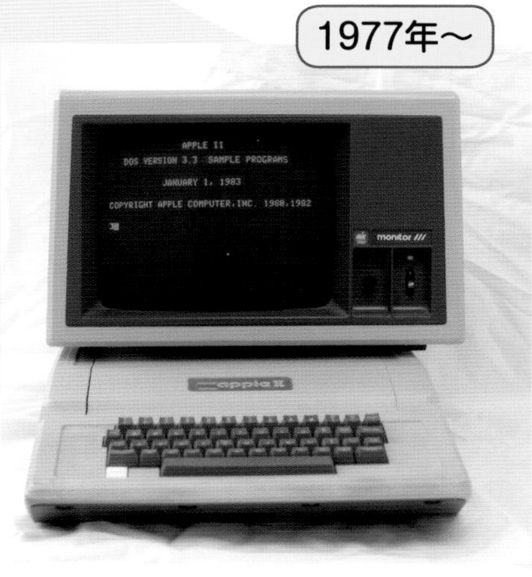

（ロイター / アフロ）

（AP/ アフロ）

今では多くの人がもっているスマートフォンやタブレットもコンピュータの一つ。だれでも簡単《かんたん》に使え、もち運べるように改良された。

データのデジタル保存《ほぞん》・処理《しょり》ができるようになった

1946年に、アメリカで画期的なコンピュータ「ENIAC《エニアック》」が誕生《たんじょう》しました。それまでの電子計算機とはくらべものにならないスピードでデータを処理《しょり》し、1秒間に5000回の足し算ができました。このころのコンピュータはとても大きく、専用《せんよう》の部屋を用意しなければならないほどでした。

コンピュータは、どんどん小型化《こがたか》してついに机《つくえ》に乗るサイズになりました。値段《ねだん》も安くなり、より多くの人が使えるようになりました。データや情報《じょうほう》を記録したり処理《しょり》できる性能《せいのう》もさらにアップしています。仕事以外にも、ゲーム、音楽、動画など、楽しむことに使えるようになり、世界中に広がりました。

インターネットの発展《はってん》

データの共有や、やりとりが簡単《かんたん》になった

コンピュータどうしをつなぐ「インターネット」の原型《げんけい》ができたのは、1969 年です。その後、インターネットはコンピュータの普及《ふきゅう》とともに発展《はってん》します。今では世界中のコンピュータが、インターネットを通してつながっています。

また、インターネット上でデータをやりとりする方法も、メール、SNS《エスエヌエス》（▶22 ページ）と種類がふえ、流れるデータの量やスピードもどんどんアップしています。

さまざまなデータが安く簡単《かんたん》に集められるようになったのです。

インターネット上にある
“超巨大《ちょうきょだい》な倉庫（クラウド）”

インターネット上の倉庫には、たくさんのデータがしまわれている。使う人の指示《しじ》によって、コンピュータを通して超高速《ちょうこうそく》でデータの保管《ほかん》・検索《けんさく》・取り出しができる。

クラウドの登場

インターネット上の倉庫にデータがためられる

会社や社会で集められるデータには、秘密《ひみつ》のものや大切なものがたくさんあるので、それぞれが「サーバー」という大きなコンピュータをつくって管理し、データを保管《ほかん》したり、処理《しょり》したりしています。このデータの保管《ほかん》や処理《しょり》をインターネット上にあるたくさんのコンピュータで行うことを「クラウドコンピューティング（クラウド）」といいます。クラウドには“インターネット上の倉庫”の役割《やくわり》があるのです。

クラウドは、専門《せんもん》の会社が運営《うんえい》しています。クラウドを利用する人々は、保管《ほかん》する倉庫がこわれても直さなくてすみ、いっぱいになってもスペースをつくる手間を省くことができます。また、好きなときに必要なデータだけを、自分のコンピュータに取り出すことができ、たいへん便利です。

Key word

インターネットとクラウド

インターネットは「たがいにつながる網《あみ》の目」という意味で、雲の絵であらわされます。クラウドは、この雲のなかに広がるコンピュータ倉庫です。

人や物から大量のデータが簡単《かんたん》に集まるようになった

コンピュータやインターネットでできることは、まだまだふえ続けています。今では、「IoT《アイオーティー》」という技術《ぎじゅつ》によって、物から直接《ちょくせつ》データを集められるようになりました。

毎日使うパソコン、スマートフォンはもちろん、家の外で使うIC《アイシー》カードやクレジットカードなどから、データはインターネットを通して大量に集められます。これをどんどんクラウドにためていくことができるのです。こうして集められた大量のデータを「ビッグデータ」といいます。

Key word

IoT《アイオーティー》

「Internet《インターネット》 of《オブ》 Things《シングス》（モノのインターネット）」の略《りゃく》。データを送る機能《きのう》をもつセンサーなどをモノに取りつけて、稼働状況《かどうじょうきょう》、故障《こしょう》や不具合などのデータを集める仕組みをいいます。モノから直接《ちょくせつ》データが集められるようになったことで、より価値《かち》のある情報《じょうほう》がえられるようになりました。

Key word

SNS《エスエヌエス》

「Social《ソーシャル》 Networking《ネットワーキング》 Service《サービス》」の略《りゃく》。コンピュータとインターネットを使って、世界中の人と「社会的なつながり」をもつ仕組みです。専用《せんよう》のアプリケーションを使って、文字や写真、動画データなどをやりとりできます。

代表的なSNS《エスエヌエス》

LINE《ライン》	登録した人どうしで、文字メッセージや写真のやりとり、通話が無料でできる。
Facebook《フェイスブック》	自分のことを明らかにすることで、同じ考えや趣味《しゅみ》の人とつながり、情報《じょうほう》を共有することができる。
Twitter《ツイッター》	世界中の人に向けて、自分の言葉や思いを文字メッセージにして発信できる。
Instagram《インスタグラム》	世界中の人と、自分がとった写真や動画を共有できる。

Key word

ICT《アイシーティー》

「Information《インフォメーション》 and《アンド》 Communication《コミュニケーション》 Technology《テクノロジー》」の略《りゃく》で、コンピュータやインターネットを使ったコミュニケーション技《ぎ》術《じゅつ》のこと。日本では「IT《アイティー》」とよばれていましたが、現在《げんざい》ではコミュニケーションの「C《シー》」を加えたICT《アイシーティー》が一般的《いっぱんてき》です。

ビッグデータによって、21世紀《せいき》の社会が変わる

集められたデータ（特にビッグデータ）は、「21世紀《せいき》の貴重《きちょう》な資源《しげん》」といわれています。データを分《ぶん》析《せき》することで、今のくらしがもっと便利になる方法が見つかり、これまでになかった商品や技術《ぎじゅつ》という「新しい価値《かち》」が生まれてくるためです。

日本では、生まれる子どもが少なく、一方で高齢《こうれい》者《しゃ》の寿命《じゅみょう》がのびる「少子・高齢化《こうれいか》社会」をむかえていることが、国勢調査《こくせいちょうさ》のデータなどからわかっています。このために、「働く人がへる」「医療《いりょう》や介護《かいご》の負担《ふたん》がふえる」といった課題をかかえています。

課題を解決《かいけつ》するためには、人々の仕事の内容を分《ぶん》析《せき》して、コンピュータや「AI《エーアイ》（人工知能《じんこうちのう》／▶2巻《かん》9ページ）」をもつロボットにまかせるようにするなど、データとコンピュータを上手に使うことが必要です。

人がもつ5つの力をパワーアップ

人や物からたくさんのデータを集め分析《ぶんせき》することで、何ができるのでしょう。
実はデータを使うことによって、人間の５つの力をパワーアップできるのです。

見える形になることでできることがふえてくる

データは、行動や気持ち、物事やことがらを、数字などの目に見える形にしたものです。いくつかのデータを組み合わせてくらべることもできます。

データによって目に見えるようになると、物事の仕組みや状況《じょうきょう》をより早く、より正確《せいかく》に理解《りかい》できるようになります。また、今まで気がつかなかったことに気づいたり、新しいひらめきや発見が生まれます。その結果、改善《かいぜん》や改革《かいかく》がよりスムーズに進んでいくのです。4～5ページのヒデ君とノリちゃんを例に、具体的に見てみましょう。

パワーアップ！

1 状況《じょうきょう》を知る力

データを集め、わかりやすくまとめることで、何が起こっているかをすばやく正《せい》確《かく》に知ることができます。

例 ヒデ君の１日を知りたいと思ったら、データを表にしてみるのがよいでしょう。「平日はゲームを20時から22時まで２時間やっている」「朝は７時30分に起きる」ことが、すぐにわかります。

パワーアップ！

2 気づく力、ひらめく力

データによって、物事はだれにでもわかりやすく、見える形になります。すると、これまでは見落としていたことを新たに発見することができます。

例 最後にノリちゃんが「ゲームに夢中《むちゅう》で朝起きられないヒデ君」といったのは、ヒデ君の「早起きが苦手」というデータと、ゲームをしていて就寝《しゅうしん》時刻《じこく》・起床《きしょう》時刻《じこく》がともにおそいことを見て気づいたためです。

パワーアップ！

3 判断《はんだん》する力

データは、問題点をすばやく見つけ、効果的《こうかてき》な対策《たいさく》をすぐに判断《はんだん》するための道具としても役立ちます。

例 お母さんにおこられるというヒデ君ですが、おこられないようにするためには、朝早く起きることが必要です。それには、平日のすごし方のうち、ゲームとねる時間を見直したほうがいいかもしれません。

パワーアップ！

4 よりよい方法を考える力

データとデータを組み合わせると、もっとよい方法やアイデアがうかぶことがあります。

例 ヒデ君のデータからは、朝起きられないことのほかに、算数が苦手、犬の散歩を夕方にしていることがわかります。これら３つを組み合わせて考えてみると、ゲーム時間を短くして早起きができたなら、犬の散歩は朝に、夕方には苦手な算数の勉強時間がつくれます。

パワーアップ！

5 全体をよくする力

データを使うことで問題が解決《かいけつ》されると、物事全体をこれまでよりもよくすることができます。

例 もしも博士《はかせ》がいうようにできたなら、ヒデ君の寝坊《ねぼう》は解消《かいしょう》し、苦手科目の成績《せいせき》が上がることにつながるでしょう。お母さんからおこられることがなくなり、しかもほめられたとしたら！　毎日がハッピーですね。

実際《じっさい》のケースを見てみよう

データを使って大ヒット

なじみのある商品のなかには、ポイントカードや交通 IC《アイシー》カードを使い、24 ～ 25 ページの「5つの力」が発揮《はっき》されて大ヒットになったものがあります。

ケース 1

コンビニエンスストア ローソン

『グリーンスムージー』

データによって、買った人の数に大きな変化はないものの、同じ人がくり返し買う「リピート率《りつ》」が上がっていることがすぐにわかりました。

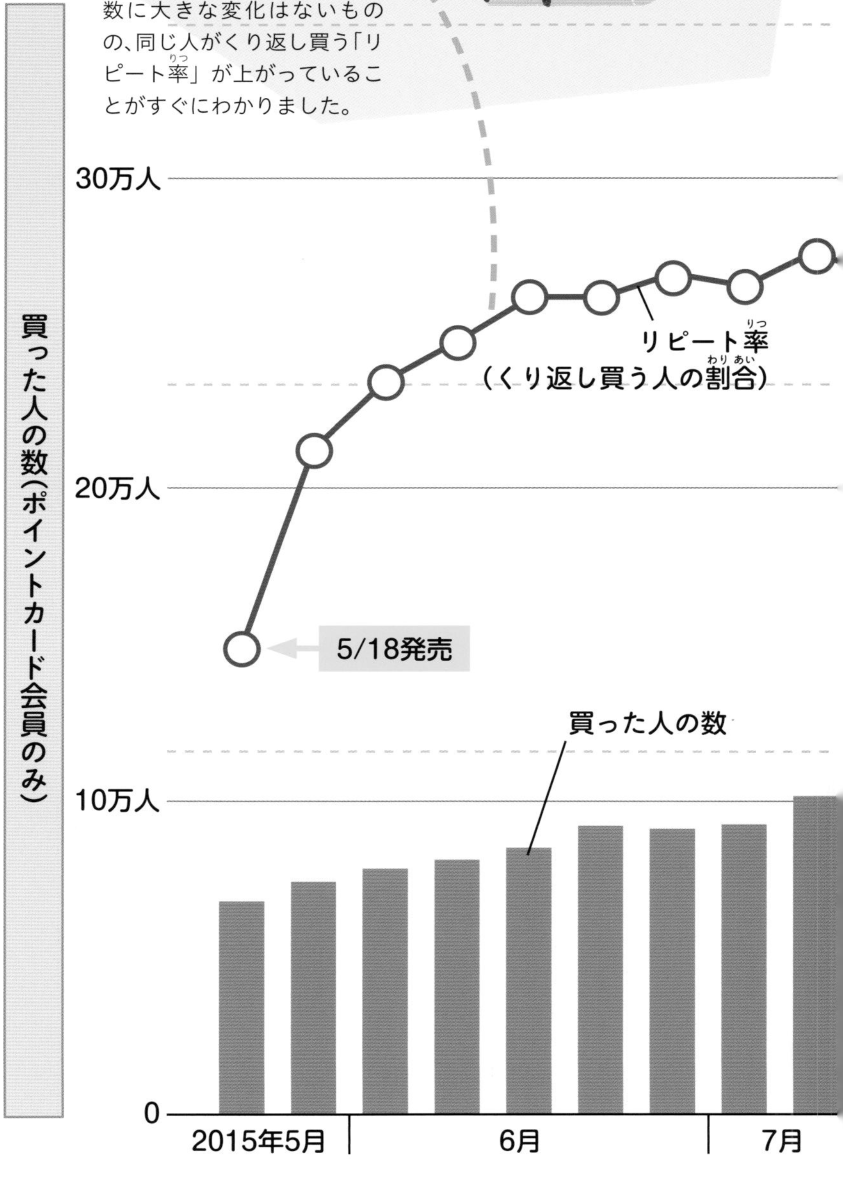

ポイントカードのデータからヒットを予測《よそく》して大当たり！

2015 年ごろ、手軽に生野菜や果物《くだもの》がとれるジュース「スムージー」が、健康と美容《びよう》を大切にする女性《じょせい》の間で大人気になりました。しかし、生野菜や果物《くだもの》をミキサーにかけてつくるスムージーを毎日つくるのは大変。そこでローソンは、「女性《じょせい》をねらった、そのまま飲める」グリーンスムージーの商品化を決めました。

発売後、連携《れんけい》するポイントカードのデータを見ると、予測《よそく》通り「女性《じょせい》が買っている」ことがわかりました。そして約 1 か月後には、「同じ人がくり返して買う」こともわかったのです。ローソンでは、「何度も買う人がいるならヒットするのでは？」と考えて、さらに売れるよう計画を立てました。

生産体制《たいせい》が整うまで、大きな宣伝《せんでん》はやめておこう

急にお客さんがふえると、スムージーの生産が間に合わなくなり、品切れが心配。しかし、売れるチャンスをのがしたくもありません。まずは、最小限《さいしょうげん》の広告《こうこく》で生産体制《たいせい》を整えました。

宣伝《せんでん》の分だけたくさんの商品が売れた！

工場でたくさんつくれるようになると、すぐにテレビCM《シーエム》で大きく宣伝《せんでん》しました。すると、スムージーは大ヒット。品切れになることもありませんでした。

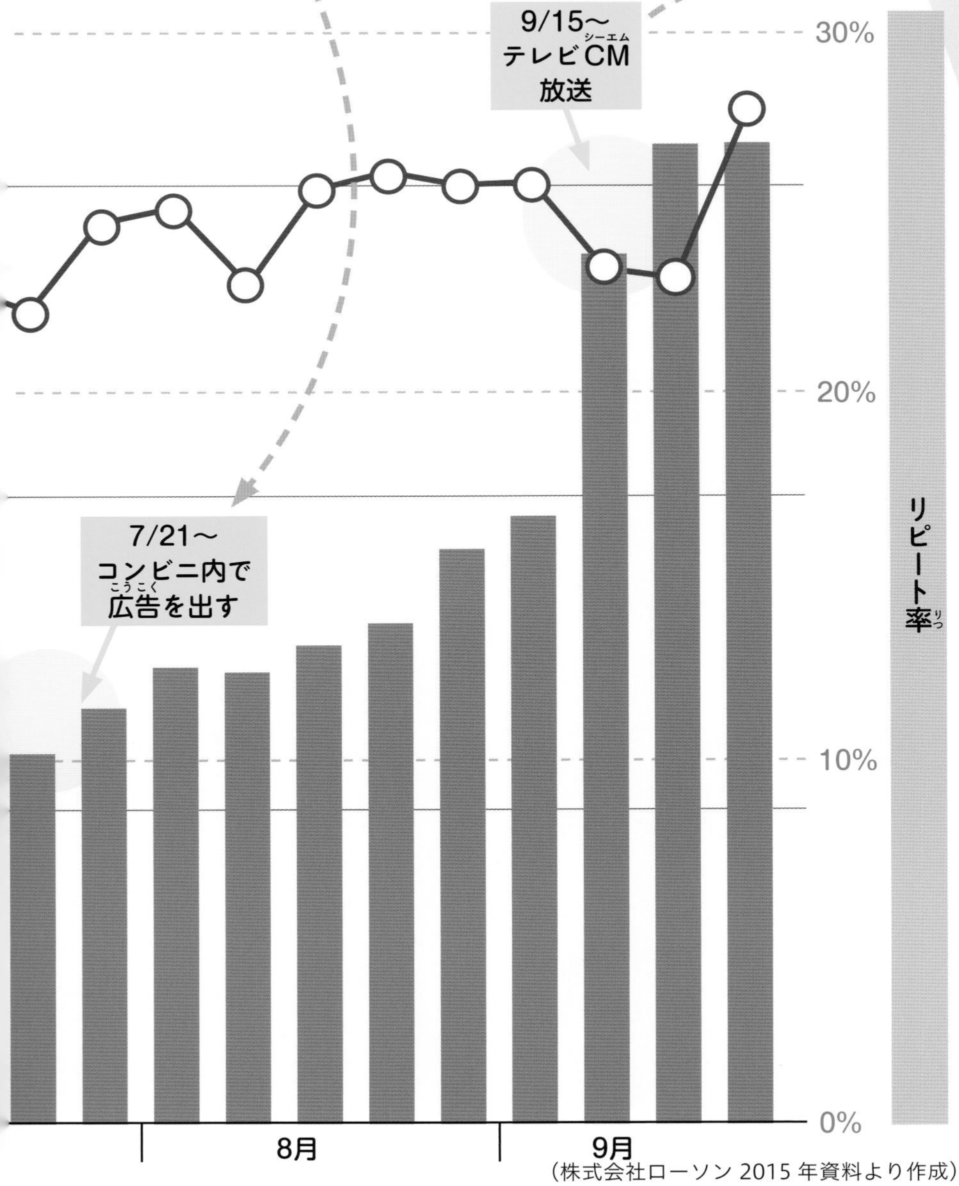

（株式会社ローソン 2015 年資料より作成）

約半年で、1000万本をこえる大ヒット

コンビニなどのお店でポイントカードを使うと、カードの持ち主のデータが正確《せいかく》にすばやくたくさん集められます。ローソンが、スムージーを買った人のデータを分析《ぶんせき》すると、70% 以上が女性《じょせい》で、特に 30 ～ 50 代に好評《こうひょう》なこともわかりました。

こうした結果もいかしながら上のような作戦を立てて行動した結果、約半年後には 1000 万本をこえる大ヒットとなりました。

その後も分析《ぶんせき》を続け、ローソンのグリーンスムージーは今なお人気の定番の商品になっています。

ケース 2

駅ナカ自動販売機《じどうはんばいき》 JR東日本《ジェイアールひがしにほん》 クロスステーション『フロムアクア』

ミネラルウォーターのペットボトルに取り入れられた「落ちないキャップ」(パッケージは現在《げんざい》のもの)。

◆自動販売機《じどうはんばいき》のPOS《ポス》データ

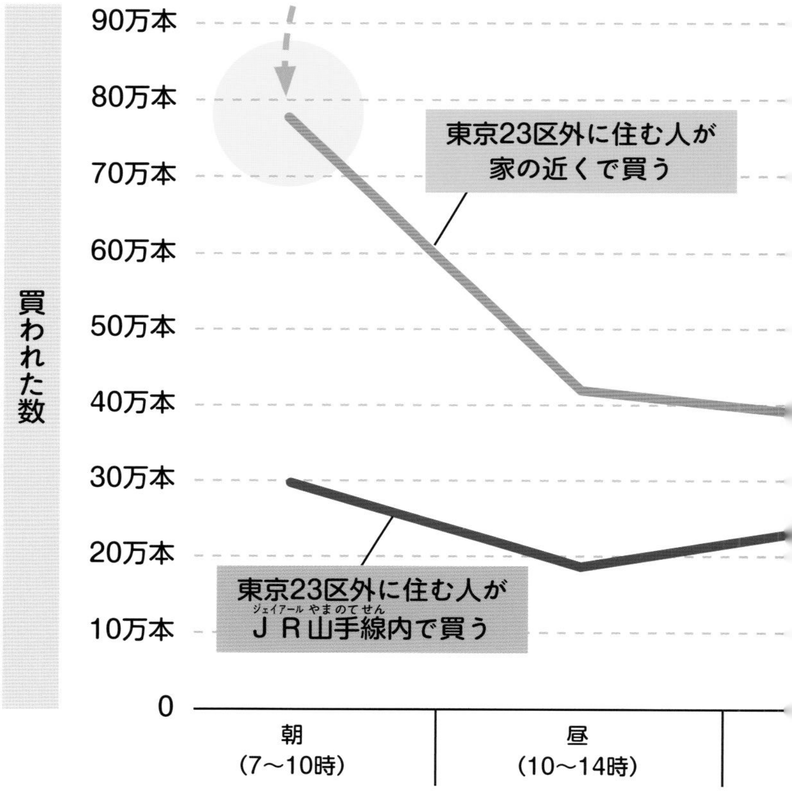

POS《ポス》データを分析《ぶんせき》して“国産初”を生み出した

駅のホームなどに置かれた自動販売機《じどうはんばいき》では、交通IC《アイシー》カード(電子マネー)で飲み物を買えてとても便利です。このとき、自動販売機《じどうはんばいき》の中にあるセンサーが瞬時《しゅんじ》にデータを集めて、いつ、どの自動販売機《じどうはんばいき》で何が買われたかという「POS《ポス》データ」がたまります。このPOS《ポス》データを分析《ぶんせき》すると、ミネラルウォーターの売れる時間や場所に、特徴《とくちょう》があることがわかりました。

インターネット調査《ちょうさ》の結果も加えて、さらに新たな課題を見つけ、解決策《かいけつさく》を考えました。こうして、ミネラルウォーターを飲むときにみんながこまっていた「キャップが落ちる」ことを解消《かいしょう》する“国産初”の商品が生まれました。

●Key word
POS《ポス》データ (▶34ページ)

POS《ポス》データによって、朝と夜に売れる駅がわかり、どちらも通勤《つうきん》電車に乗る前に買われているのに気づきます。

気づきが正しいかどうかをたしかめるため、ほかの方法でもデータをとることに。すると、下のようなことがわかりました。

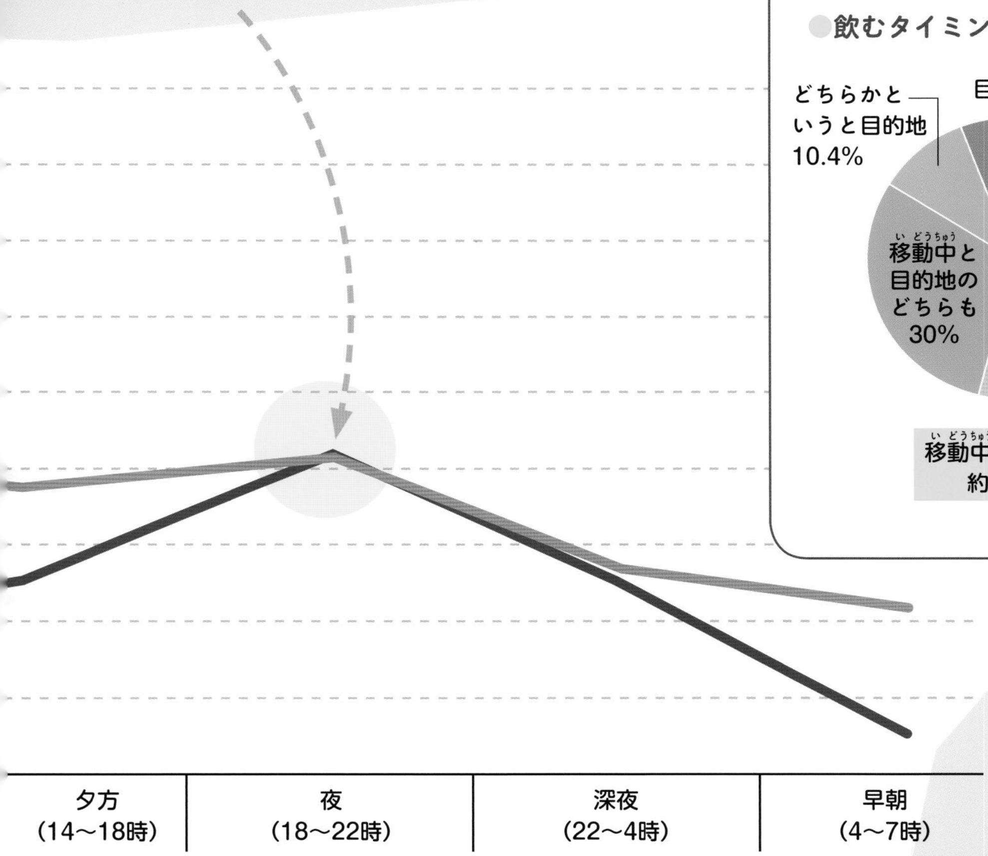

（株式会社 JR 東日本クロスステーション［旧・JR 東日本ウォータービジネス］2012 年発表資料より作成）

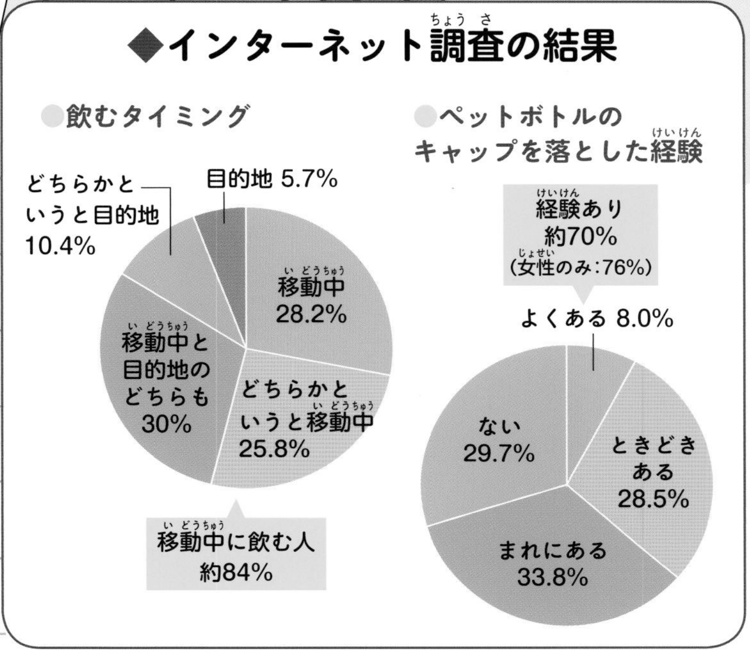

さまざまなデータをとることで、「移動中《いどうちゅう》に飲む人が多い」ことを確認《かくにん》できたほか、「キャップを落とす人がたくさんいる」「それは女性《じょせい》に多い」という新たな課題も見つかりました。

朝晩《あさばん》の通勤《つうきん》でも安心して飲めるように、「落ちないキャップ」が必要だと決まりました。また、もっとたくさんの女性《じょせい》に買ってもらえるように、「女性《じょせい》を意識《いしき》したパッケージ」の商品が生まれました。

ここがすごい！

さまざまな分野で活用されている

データをうまく使って、くらしをもっと便利にする取り組みは、さまざまな分野で行われています。どのように使われているのか見ていきましょう。

国づくり

特に大事な統計《とうけい》だけで53種類

日本には、国勢調査《こくせいちょうさ》（▸18 ページ）をはじめとして、国や地方が公表している統計《とうけい》が何百種類もあります。なかでも、特に大切な53 種類の統計《とうけい》は、特別に「基幹統計《きかんとうけい》」といいます。

定期的に公表される統計《とうけい》データは、インターネット上でだれでも自由に見ることができます。

日本全国の人口を把握《はあく》する

人口推計《じんこうすいけい》

5 年に一度、正確《せいかく》に人口を調べた国勢調査《こくせいちょうさ》をもとに、各月、各年の人口を推定《すいてい》したデータです。生まれた子どもや亡《な》くなった人の数、都道府県をまたいで引っこしをした人や出入国をした外国人の数などのデータをあわせて出します。

日本全国の人口の動きや状況《じょうきょう》を知り、国づくりの資料《しりょう》にしています。

どんな仕事をしているかがわかる

就業構造基本統計《しゅうぎょうこうぞうきほんとうけい》

15 才以上の人がどのように働いているかを調べたデータです。仕事の有無や種類、正社員かどうか、介護《かいご》や子育てをしているかなどを調査《ちょうさ》します。

仕事と生活の実態《じったい》を知り、子育て、介護《かいご》、看護《かんご》と仕事の両立を支援《しえん》する政策《せいさく》づくりなどに役立てます。

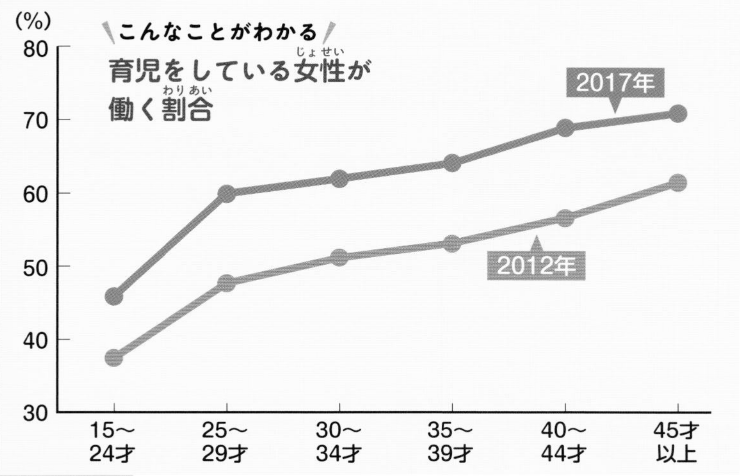

（「平成 29 年就業構造基本調査結果の要約」総務省より作成）

子どもの健康が
わかる

学校保健統計《がっこうほけんとうけい》

幼稚園《ようちえん》や学校に通う5～17才の子どもについて、身長、体重、視力《しりょく》、歯の状態《じょうたい》、アレルギーなどの成長の様子や健康状態《けんこうじょうたい》を調べたデータです。食育や歯みがき指導《しどう》などに使われています。

お金の使い道が
わかる

家計調査《かけいちょうさ》

家族ごとの入ってくるお金や使ったお金、貯金額《ちょきんがく》、使い道などを細かく調べたデータです。税金《ぜいきん》や年金などを決める参考にしたり、食品会社の戦略《せんりゃく》に役立てられたりしています。

＼こんなこともわかる／

最も○○を買う都市ランキング

最もおかしを買う都市 ▼ 金沢市《かなざわ》	最もマグロを買う都市 ▼ 静岡市《しずおか》
最も外食が多い都市 ▼ 東京《とうきょう》23区	最も牛乳《ぎゅうにゅう》を買う都市 ▼ 新潟市《にいがた》

データはランキング形式でも公表されている。上のランキングは2018～2020年平均《へいきん》の結果。

うその回答をすると、罰金《ばっきん》をはらうことに

統計調査《とうけいちょうさ》の結果は、国の政策《せいさく》を考えることなどに使われる大切なデータです。調査《ちょうさ》でうその回答をすると、できた統計《とうけい》データが信頼《しんらい》できなくなります。そのために「統計法《とうけいほう》」という法律《ほうりつ》が定められています。

選ばれた人には本当のことを報告《ほうこく》する「報告義務《ほうこくぎむ》」があり、データを集める調査員《ちょうさいん》にも答える人の秘密《ひみつ》を守る「守秘義務《しゅひぎむ》」があり、守らないと罰金《ばっきん》をはらわなくてはいけません。

◆主な基幹統計《きかんとうけい》

調べている機関	統計《とうけい》の種類
内閣府《ないかくふ》	国民経済計算《こくみんけいざいけいさん》
総務省《そうむしょう》	国勢統計《こくせいとうけい》・人口推計《じんこうすいけい》・小売物価統計《こうりぶっかとうけい》・就業構造基本統計《しゅうぎょうこうぞうきほんとうけい》・家計統計《かけいとうけい》　など14種
財務省《ざいむしょう》	法人企業統計《ほうじんきぎょうとうけい》
国税庁《こくぜいちょう》	民間給与実態統計《みんかんきゅうよじったいとうけい》
文部科学省《もんぶかがくしょう》	学校基本統計《がっこうきほんとうけい》・学校保健統計《がっこうほけんとうけい》・学校教員統計《がっこうきょういんとうけい》・社会教育統計《しゃかいきょういくとうけい》
厚生労働省《こうせいろうどうしょう》	人口動態統計《じんこうどうたいとうけい》・生命表《せいめいひょう》・患者統計《かんじゃとうけい》・国民生活基礎統計《こくみんせいかつきそとうけい》　など9種
農林水産省《のうりんすいさんしょう》	農林業構造統計《のうりんぎょうこうぞうとうけい》・牛乳乳製品統計《ぎゅうにゅうにゅうせいひんとうけい》・作物統計《さくもつとうけい》　など7種
経済産業省《けいざいさんぎょうしょう》	商業動態統計《しょうぎょうどうたいとうけい》・石油製品需給動態統計《せきゆせいひんじゅきゅうどうたいとうけい》　など7種
国土交通省《こくどこうつうしょう》	建設工事統計《けんせつこうじとうけい》・自動車輸送統計《じどうしゃゆそうとうけい》　など9種

まちづくり

富山《とやま》県富山《とやま》市

子どもがもつセンサー。位置をしめすデータが富山《とやま》市センサーネットワークに送られる。

人口のデータから「歩いてくらせるまち」へ

富山《とやま》市では、1970年代以降《いこう》にまちの中心から外へと住宅地《じゅうたくち》が大きく広がりました。中心地からはなれた郊外《こうがい》の一軒家《いっけんや》に住み、一人1台の車で通勤《つうきん》する家庭が多くなったのです。このため、バスや電車の利用はしだいにへっていきました。さらに、人口の統計《とうけい》データなどからは、今後は人口がへり、高齢化《こうれいか》が進むことがわかっています。働く人がへると、市の収入《しゅうにゅう》が少なくなり、道路や橋を直したり、ごみの収集《しゅうしゅう》や雪の除去《じょきょ》などを行うお金も足りなくなります。また、年をとって車を運転できなくなると、病院やお店に行きにくくなります。

そこで、路面電車などの公共交通を便利にし、中心地や駅、バス停《てい》の近くにくらすことで車にたよらなくても通院や買い物にこまらない、「歩いてくらせるコンパクトなまちづくり」をすすめています。

IoT《アイオーティー》技術《ぎじゅつ》を活用したスマートシティへ

IoT《アイオーティー》（▶22ページ）などからまちに関係するデータを集め、分析《ぶんせき》することで、交通安全や防犯《ぼうはん》・防災《ぼうさい》といったくらしに必要なことをむだなくできるようになります。これがスマートシティです。

富山《とやま》市では、独自《どくじ》の「富山《とやま》市センサーネットワーク」をつくっています。例えば、市内の小・中学校などに通信アンテナを設置《せっち》して子どもがもつセンサーの位置データを集め、登下校の見守り活動に利用されています。ほかにも、水害《すいがい》を未然にふせいだり、野生動物による農作物への被害《ひがい》をへらしたり、効率的《こうりつてき》にごみの収集《しゅうしゅう》や除雪《じょせつ》を行う取り組みが考えられています。

◆富山《とやま》駅を通る路線の変化

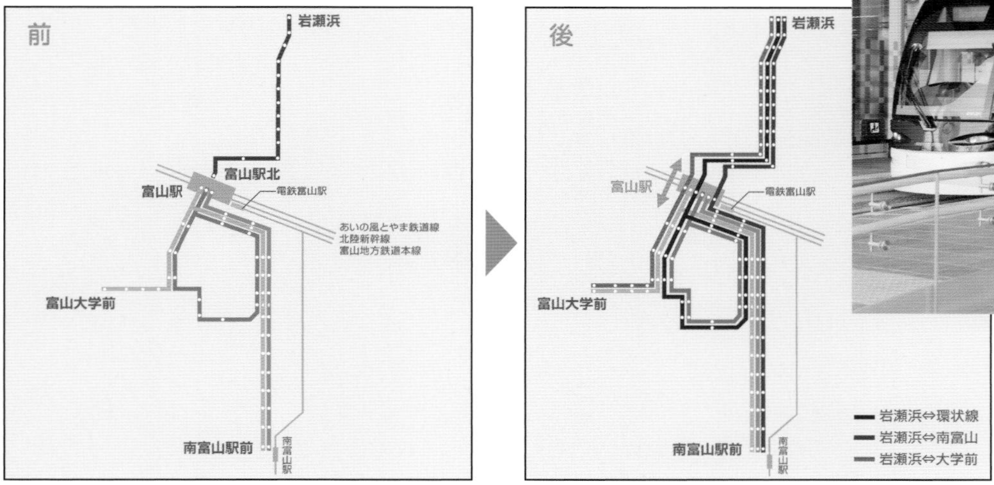

富山《とやま》駅で分断《ぶんだん》されていた南北の路面電車をつないで、乗りかえなしでも行き来できるようにし（左の青・緑・赤の路線）、通勤《つうきん》通学や買い物、さらに観光などを便利にした。

（富山市）

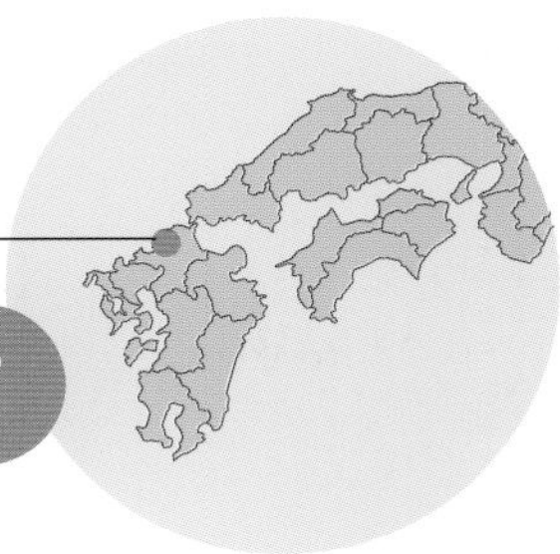

福岡《ふくおか》県福岡《ふくおか》市

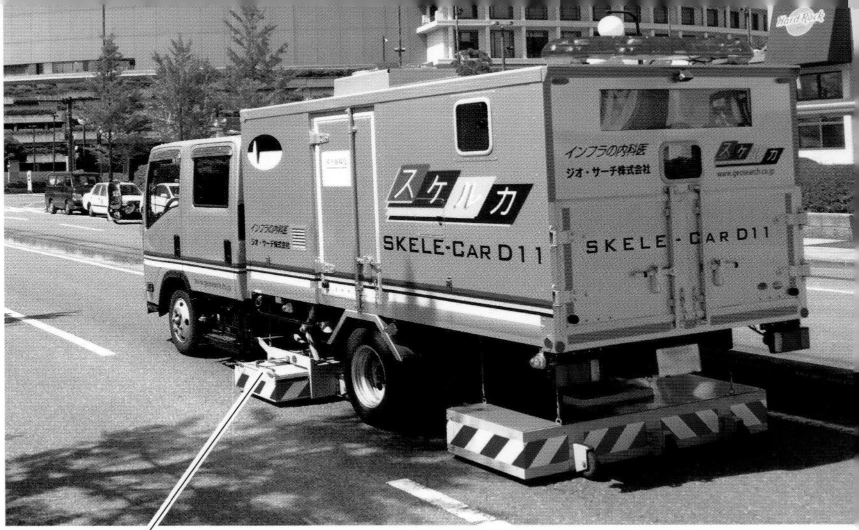

道路下の空洞《くうどう》を見つけ、事故《じこ》をふせぐ

古い水道管や下水管がわれて、そのなかに地中の水や土砂《どしゃ》が入ってしまうと、地中の土がなくなって道路の下に空洞《くうどう》ができ、ある日突然《とつぜん》、道路に穴《あな》があき、事故《じこ》につながることがあります。

こうした危険《きけん》な事故《じこ》をふせぐために、福岡《ふくおか》市では、レーダ技術《ぎじゅつ》を使って道路の下にできた空洞《くうどう》を発見できる「路面下空洞探査車《ろめんかくうどうたんさしゃ》」を活用しています。探査《たんさ》車《しゃ》が道路を走り見つけた空洞《くうどう》は、1 年間に 100 か所以上もあります。さらに、約 30 年間の調査《ちょうさ》データを活用して、「空洞《くうどう》ができそうな場所」を推測《すいそく》し、空洞《くうどう》発見の精度《せいど》を上げています。

電波を出し、反射《はんしゃ》するデータを集めるアンテナ

路面下空洞探査車《ろめんかくうどうたんさしゃ》。地中に向かって電波を出して、反射《はんしゃ》する電波のデータから空洞《くうどう》と思われる場所を見つける。下の画像《がぞう》は道路を縦《たて》の断面《だんめん》にしたデータ。丸の部分にあるひずみが空洞《くうどう》があるしるし。

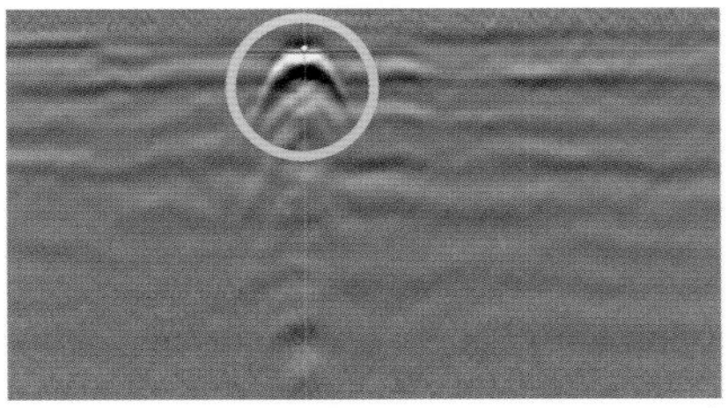

（「福岡市における調査状況」より）

大雨による浸水《しんすい》を分析《ぶんせき》、予測《よそく》して公表している

滋賀《しが》県

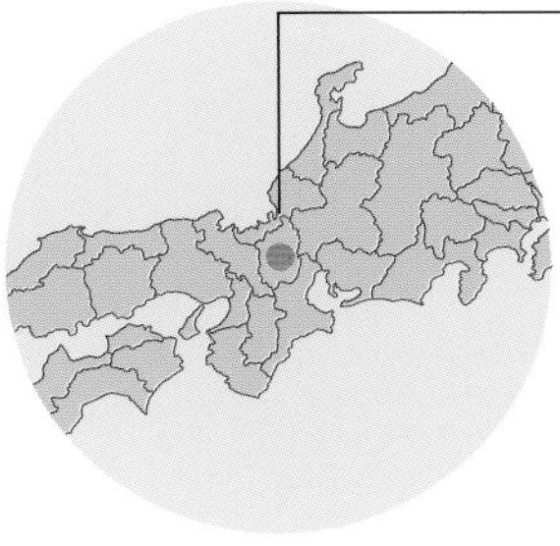

日本でいちばん大きな湖「琵琶湖《びわこ》」のある滋賀《しが》県では、国土交通省《こくどこうつうしょう》などのデータを使って、大雨による浸水《しんすい》の深さを独自《どくじ》に分析《ぶんせき》・予測《よそく》して公表しています。

滋賀《しが》県防災情報《ぼうさいじょうほう》マップでは、「200 年に一度」「100 年に一度」「10 年に一度」の大雨がふり、大きな川や小さな川、身近な水路があふれた場合、自分の住む場所がどのくらい浸水《しんすい》する可能性があるかを色で確認《かくにん》でき、避難場所《ひなんばしょ》を表示《ひょうじ》することもできます。

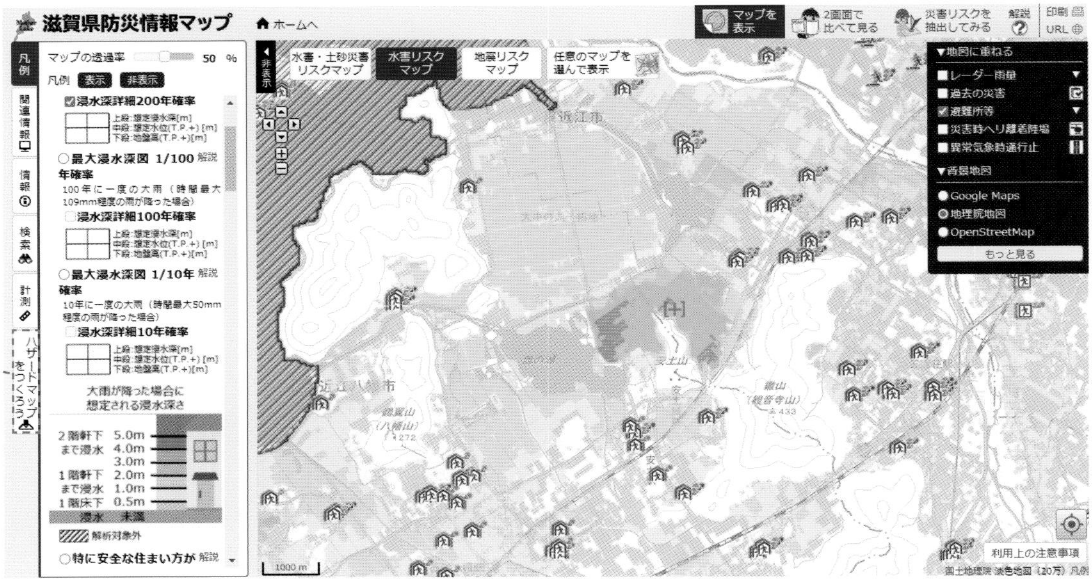

「ハザードマップをつくろう」の項目《こうもく》を選ぶと、自分の家やまわりの危険《きけん》な場所を加えた、自分だけのハザードマップがつくれる。

（滋賀県防災情報マップ）

くらし

スーパー・コンビニ

スーパーやコンビニで、あらかじめ売れる量が予想できれば、多めに仕入れたり、売れ残りのむだをなくしたりすることができます。全国から集められた売り上げデータがあれば、すばやく正確《せいかく》に状況《じょうきょう》を判断《はんだん》して、対策《たいさく》を立てることで、売り上げをふやせるかもしれません。

この売り上げデータを「POS《ポス》データ」といいます。POS《ポス》データを分析《ぶんせき》することで、「外出自粛《がいしゅつじしゅく》※によって冷凍食品《れいとうしょくひん》が売れている」「晴れた休日や運動会の日にはおにぎりが売れる」などがわかるので、前もって計画的に仕入れることができます。

※ 2020年からの新型《しんがた》コロナウイルス感染症対策《かんせんしょうたいさく》でよびかけられた外出をひかえるための言葉。

POS《ポス》データが集められるレジの画面。何月何日何時に何が何個《こ》売れたかが記録できる。

（写真提供：富士通株式会社）

Key word

POS《ポス》データ

「Point《ポイント》 of《オブ》 Sales《セールス》」の略《りゃく》。商品が売れたときに記録されるデータ。専用《せんよう》のレジでバーコードを読むと、「いつ」「何が」「どこで」「いくらで」売れたかなどが瞬間的《しゅんかんてき》に記録されます。

●生活用品はたくさん売れなくても置く

ポイントカードのデータからは、同じ人が同じ店で、同じ商品をくり返し買うこともわかります。

生活にかかせない商品はいつも買う人がいるため、たくさん売れなくてもかかさずに仕入れます。必要な物がいつもあるとわかれば、また来てもらえるからです。

●おでんの仕こみ量を決める

8月のお盆《ぼん》がすぎて急に気温が下がると、温かいものが食べたくなります。実際《じっさい》に、おでんなど冬の食べ物の売れ行きは、気温の急激《きゅうげき》な変化に関係することがわかっています。

コンビニでは、前日の気温と当日の予想気温の差、POS《ポス》データの販売数《はんばいすう》から、当日のおでんの仕こみ量を調整しています。

農業

　果物《くだもの》や野菜をおいしく育てるには、肥料《ひりょう》や水やり、収穫《しゅうかく》のタイミングが大切です。経験《けいけん》と勘《かん》が重要な農業は、天候に左右され、収入《しゅうにゅう》が不安定なことなどから、かかわる人は年々へってきています。

　山梨《やまなし》県の農業協同組合では、ぶどうの栽培《さいばい》ハウスにセンサーやカメラを取りつけて気温、湿度《しつど》、日照時間などを測定《そくてい》し、データにもとづいたハウス内の気温、湿度《しつど》の管理をできるようにしました。これまで名人の経験《けいけん》と勘《かん》にたよっていた農作業を、データによってだれでも失敗なくできるようにしています。

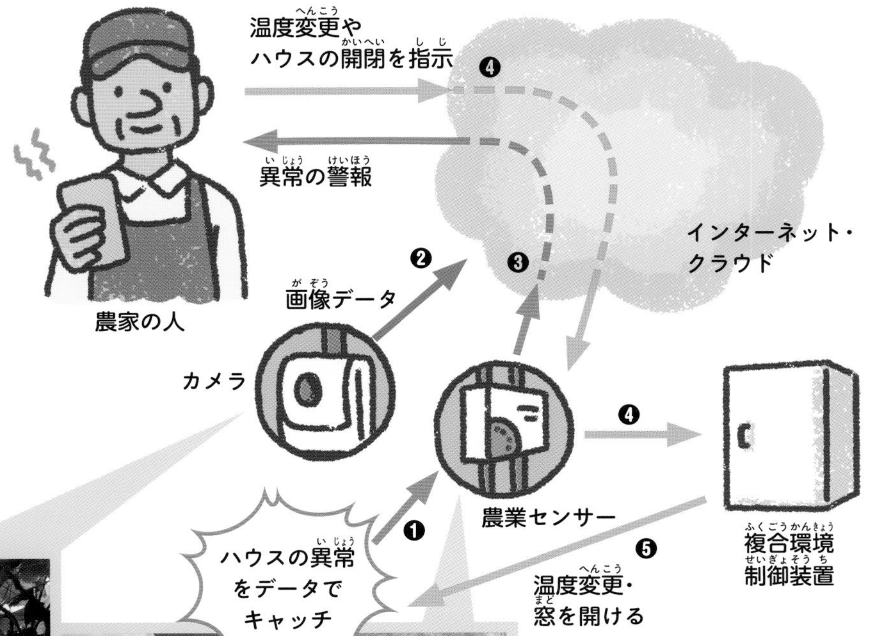

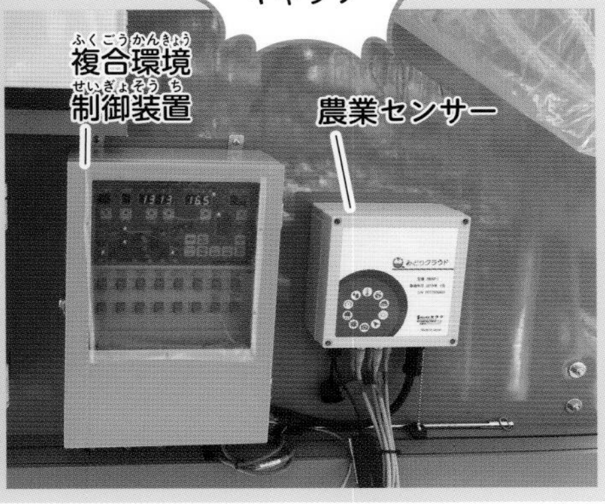

（JAフルーツ山梨 スマート農業実証コンソーシアム）

農家の人は、ハウスに設置《せっち》したセンサーやカメラからのデータをもとに、複合環境制御装置《ふくごうかんきょうせいぎょそうち》をスマートフォンで遠隔操作《えんかくそうさ》し、ハウス内の温度や湿度《しつど》の異常《いじょう》などをふせいでいる。

電気製品《でんきせいひん》

　パソコンやスマートフォンのゲームでは、いつ・どのくらい遊んだかなどのデータが残されています。同じように、ふだん使っている電気製品《でんきせいひん》をインターネットにつなぐと、いろいろなことができます。すでに、スマートフォンを使って外出先からエアコンや掃除《そうじ》ロボットを操作《そうさ》したり、スマートウォッチで血圧《けつあつ》や脈拍《みゃくはく》のデータを記録したりして、健康管理に役立てられるようになっています。

　このほか、いつも見ている番組ににた番組がおすすめ表示《ひょうじ》されるテレビや、人の動きを解析《かいせき》し、送風の方向と強さを最適《さいてき》にするエアコンなどがあります。

声で操作《そうさ》ができるスマート家電。「テレビをつけて」「電気を消して」と指示《しじ》すると、声のデータを分析《ぶんせき》して家電を操作《そうさ》してくれる。

Key word

スマート家電

「IoT《アイオーティー》（▶22ページ）」の一つ。冷蔵庫《れいぞうこ》や電子レンジ、エアコンなど、家庭の電気製品《でんきせいひん》をインターネットとつなぐことで、スマートフォンや音声で、操作《そうさ》や作動状況《さどうじょうきょう》の確認《かくにん》ができます。これらのデータは、電気代の節約や好みにあったくらしづくりに役立てることができます。

スポーツ

(©J リーグ)

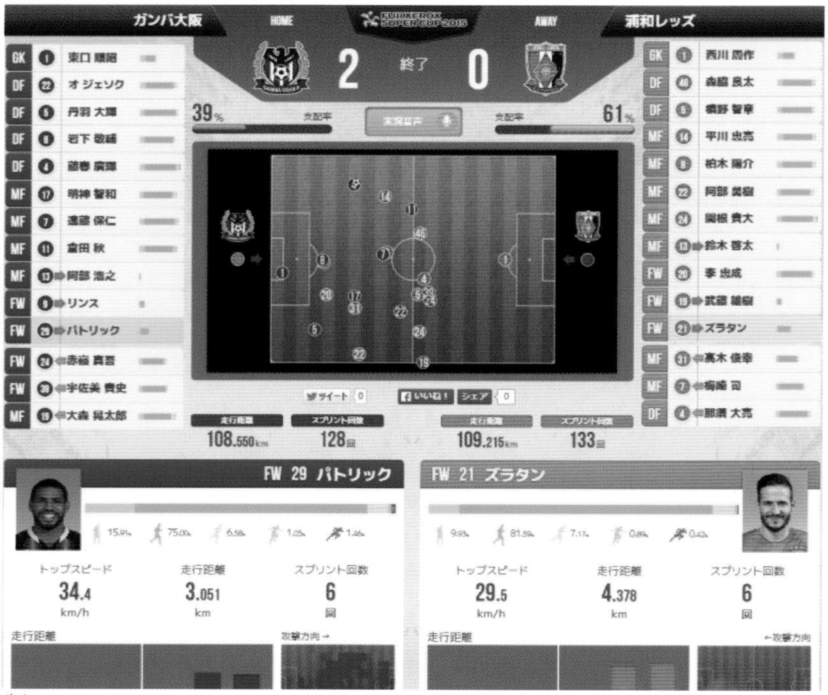

J《ジェイ》リーグでは、シュートが何分台に、何本打たれたのか、選手がグラウンドをどのように動き、何キロメートル走ったか、などをデータであらわし、試合観戦をさらに楽しめるようにしている。

プロのスポーツ選手が見せるかっこいい動きも、数字や画像《がぞう》というデータによって見える化されています。会場にカメラや計測器《けいそくき》を設置《せっち》して目的のデータを集めて公表することで、「何が起こったか」が見ている人にわかりやすくなるのです。例えば、フィギュアスケートならジャンプの高さやスピード、卓球《たっきゅう》ならラリーの回数や球のスピードなどがデータ化されると、映像《えいぞう》だけではつかみきれない選手のすごさがわかります。

また、選手やチーム、コーチにとっては、動きをデータ化することで、効率的《こうりつてき》なトレーニングやスキルアップなどにつなげることができます。

NTT《エヌティーティー》ドコモが提供《ていきょう》するアプリ「GOLFAI《ゴルファイ》」では、スマートフォンで自分のゴルフスイングを動画撮影《さつえい》すると、体の動きをデータ化できる。コンピュータ診断《しんだん》によるアドバイスも受けられる。

(株式会社 NTT ドコモ)

埼玉《さいたま》県飯能《はんのう》市では 2020 年から、市内の公立小・中学校の子ども全員が一人 1 台の学習用タブレットを使っている。プリントの教材や学校便りなども、紙ではなくタブレットでの配信になっている。

(飯能市教育委員会学校教育課 提供)

学習

インターネットを活用し、タブレットやノートパソコンを使った授業《じゅぎょう》が全国で始まっています。

これらを使うことで、自分の学習記録がデータとしてたまり、苦手な問題や、まだ学習していない分野がわかります。写真や動画、音声といったデータを使うことで、学習の理解《りかい》を深めることもできます。

先生にとっても、クラスみんなの得意《とくい》なことと苦手なことを把握《はあく》し、まちがえやすいポイントを集中的に教えたり、出欠や活動記録を確認《かくにん》したりすることが簡単《かんたん》になります。

大学や研究機関では、全国から集められた学習データを使って「さらに理解《りかい》を進めるにはどうすればよいか」など、新しい学習方法がこれまでよりもすばやく研究できるようになっています。

アンケート調査《ちょうさ》

インターネットを使っていると、商品やサービスについてのアンケートが数多くあります。質問《しつもん》に答えた人には、割引券《わりびきけん》やポイントがもらえるなどのちょっとしたごほうびがあるのが一般的《いっぱんてき》です。

アンケート調査《ちょうさ》のデータは、企業《きぎょう》などが新しい商品やサービスをつくるのにいかされています。

出口調査《でぐちちょうさ》

国や地方の政治《せいじ》を行う人を選ぶ選挙は、わたしたちの生活や社会をよりよくするために大切です。選挙の投票を終えた人に聞き取り調査《ちょうさ》を行い、データを集めて分析《ぶんせき》することで、いち早く結果を予測《よそく》できるようにしています。

世論調査《よろんちょうさ》

今、起こっている出来事やニュース、多くの人が関心をもっている物事に対して、考えや意見をデータとして集め、分析《ぶんせき》するのが世論調査《よろんちょうさ》です。質問《しつもん》は、「内閣支持率《ないかくしじりつ》（国の政治《せいじ》を行う人を支持《しじ》するかどうかの割合《わりあい》）」「インターネットの利用《りよう》状況《じょうきょう》」「仕事のなやみ」「休日のすごし方」などさまざまです。世論調査《よろんちょうさ》では、コンピュータが自動的に選んだ電話番号に対して電話をかけて質問《しつもん》をし答えてもらいます。

国や市区町村が行う公的な調査《ちょうさ》のほか、マスコミ、大学、企業《きぎょう》が調べる民間の調査《ちょうさ》があります。

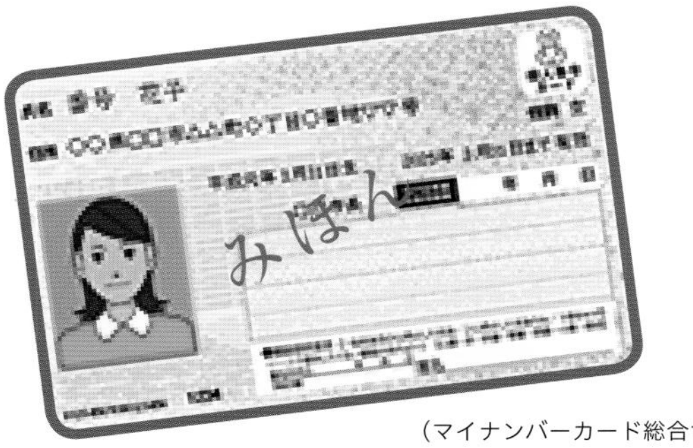

（マイナンバーカード総合サイト）

マイナンバーカード

マイナンバーカードに組みこまれたIC《アイシー》チップには、カードの持ち主の名前や住所、生年月日など、大切な情報《じょうほう》がデータ化され、保存《ほぞん》されています。

マイナンバーカードには12ケタの個人番号《こじんばんごう》と顔写真がついていて、本人であることを証明《しょうめい》します。そのため、マイナンバーカードを使うと、インターネット銀行の口座《こうざ》やパスポートの作成、税金《ぜいきん》の手続きなどが簡単《かんたん》になります。また、住民票といった市区町村の窓口《まどぐち》で申しこみをする書類が、コンビニにある機械で受け取れるなど、くらしの便利につながっています。

◆2019～2021年の内閣支持率《ないかくしじりつ》の変化

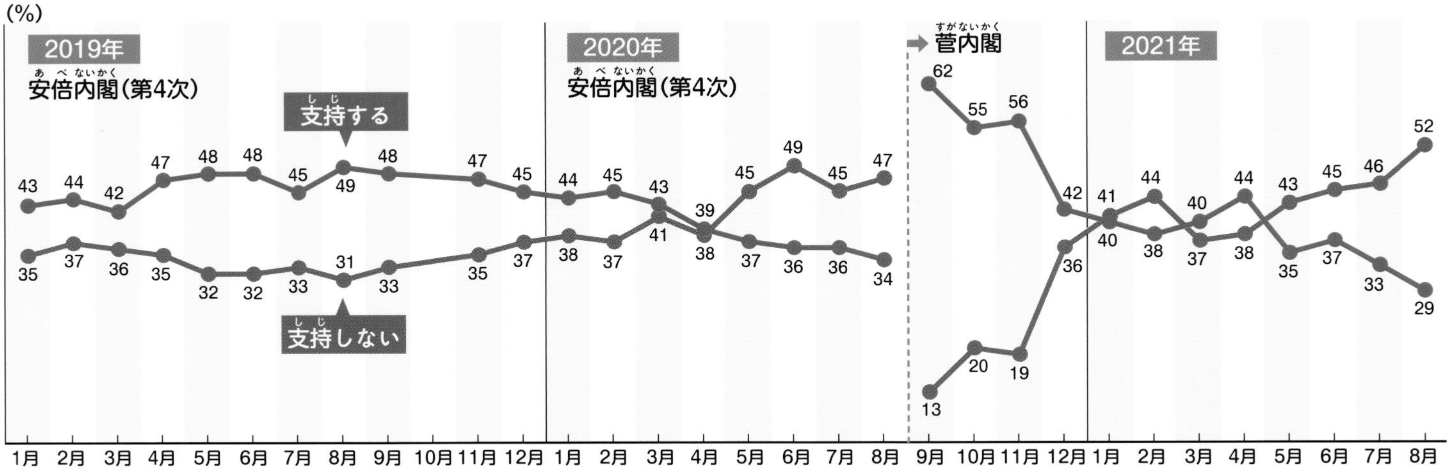

（「NHK 選挙 WEB」より作成）

ここがすごい！

世のなかのホントが見えてくる

データを表やグラフにすると、物事の変化や傾向《けいこう》に気づきやすくなります。こうした特徴《とくちょう》を見ていると、世界や世のなかの動きもよくわかってきます。

世界の人口

世界各国の人口は、国や地域《ちいき》の発展《はってん》とともにゆっくりと変化しています。1950 年代は日本やヨーロッパの先進国が発展《はってん》し、2000 年前後にはアジア諸国《しょこく》が発展《はってん》しました。そしてこれからは、アフリカ諸国《しょこく》の発展《はってん》を人口のデータから予想することができます。

◆世界の国別人口ランキング（上位10か国）（国連 “World Population Prospects 2019” より作成）

	1950年		2000年		2050年（予測値《よそくち》）	
順位	国名	総人口《そうじんこう》（人）	国名	総人口《そうじんこう》（人）	国名	総人口《そうじんこう》（人）
1	中国《ちゅうごく》	5億5442万	中国《ちゅうごく》	12億9055万	インド	16億3918万
2	インド	3億7633万	インド	10億5658万	中国《ちゅうごく》	14億241万
3	アメリカ	1億5880万	アメリカ	2億8171万	ナイジェリア	4億132万
4	ロシア	1億280万	インドネシア	2億1151万	アメリカ	3億7942万
5	日本	8280万	ブラジル	1億7479万	パキスタン	3億3801万
6	ドイツ	6997万	ロシア	1億4641万	インドネシア	3億3091万
7	インドネシア	6954万	パキスタン	1億4234万	ブラジル	2億2898万
8	ブラジル	5398万	バングラデシュ	1億2766万	エチオピア	2億541万
9	イギリス	5062万	日本	1億2752万	コンゴ民主共和国《みんしゅきょうわこく》	1億9449万
10	イタリア	4660万	ナイジェリア	1億2228万	バングラデシュ	1億9257万

〔特徴《とくちょう》〕
- 先進国が多く、ヨーロッパが目立つ

〔特徴《とくちょう》〕
- ヨーロッパはほぼランク外になり、アジアが目立つ

〔特徴《とくちょう》〕
- アフリカの国々が多く入ってくる

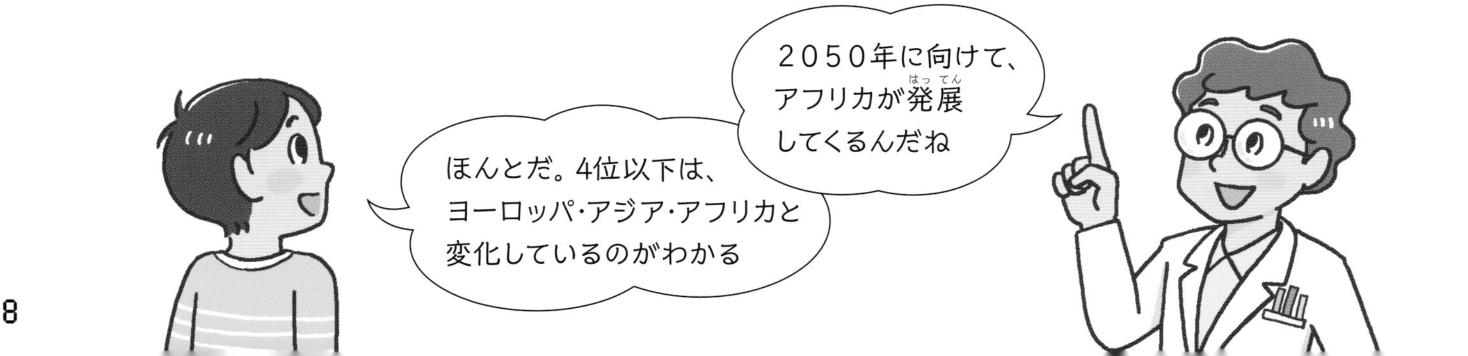

日本の産業

新型《しんがた》コロナウイルス感染症《かんせんしょう》の世界的な流行が日本の産業にあたえた影響《えいきょう》も見えてきます。2020 年 3 月以降《いこう》、宿泊施設《しゅくはくしせつ》や航空会社《こうくうがいしゃ》などの観光に深く関係する会社の売り上げは大きく下がりました。一方、マスクなどの衛生用品《えいせいようひん》にかかわる会社は売り上げをのばしています。

◆観光宿泊《しゅくはく》者数

（「キッズすたっと～探そう統計データ～」より作成）

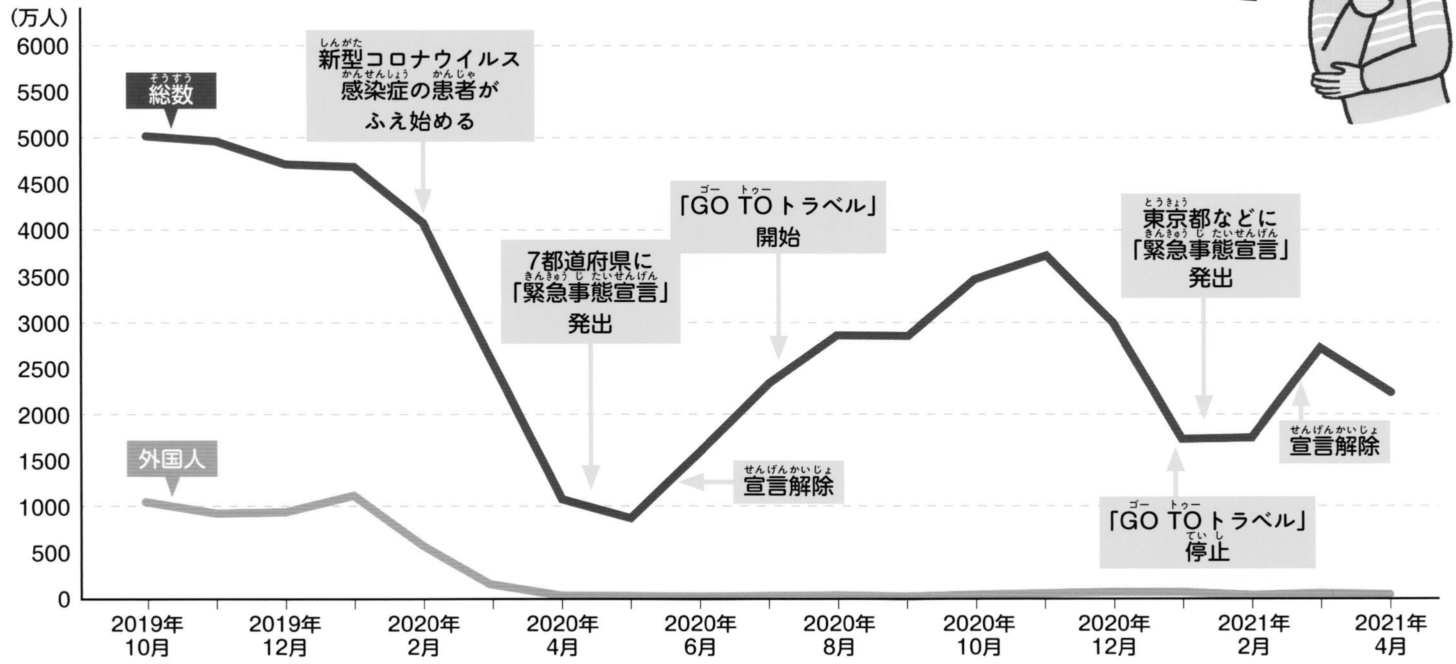

◆薬局A社の売り上げ

（「ウエルシアホールディングス株式会社 IR 情報」より作成）

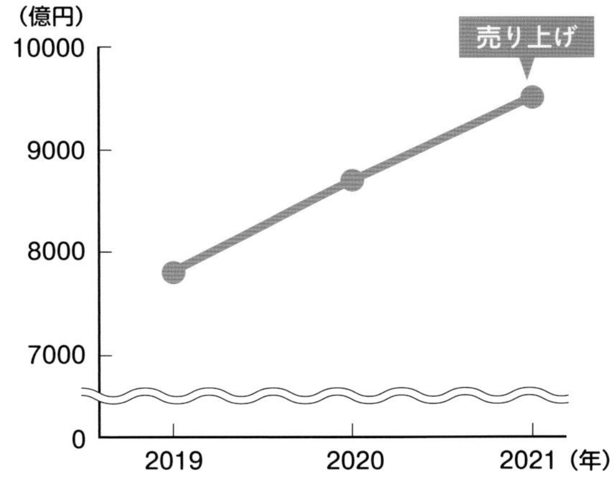

データはくらべてみるとおもしろい

世界のデータや昔のデータをくらべてちがいをさがしたり、「新型《しんがた》コロナウイルス感染症《かんせんしょう》と産業」など、関係がありそうなことのデータをくらべたりしているうちに、新しい気づきや疑問《ぎもん》が生まれることがあります。その気づきや疑問《ぎもん》の発見こそ、データ活用の第一歩です。それらは、新しいアイデアを生むタネや、解決策《かいけつさく》をみちびくきっかけになります。

テレビやインターネットで話題になっていることについて調べたり、世界の国々や地域《ちいき》、動物や遺跡《いせき》など興味《きょうみ》のあることがらを調べたりするのもよいでしょう。いろいろなデータから、“世のなかのホント”を見つけましょう。

知ってておこう

データには個人情報《こじんじょうほう》がふくまれる

社会のなかで集められるデータには、わたしたち一人ひとりを特定したり、プライバシーにかかわるデータがたくさんあります。6～9ページで紹介《しょうかい》したデータからも、下のような大事な情報《じょうほう》が見えてきます。

スマートウォッチや体重計のなかには、歩数や体重、体脂肪《たいしぼう》などの個人的《こじんてき》なデータを測定《そくてい》し、クラウドに送る仕組みをもつものもあります。クラウドに記録された名前、年齢《ねんれい》などと一緒《いっしょ》にこれらの情報《じょうほう》がもれると、使っている人の健康状態《けんこうじょうたい》や病気がわかってしまいます。

健康状態《けんこうじょうたい》、病気がわかる

ゲームやSNS《エスエヌエス》のデータで、きみのことが丸わかり!?

名前、住所、年齢《ねんれい》などから、「その人はだれか」が特定できるデータを「個人情報《こじんじょうほう》」といいます。わたしたちはインターネットでの買い物やアプリの利用など、あらゆる場面で個人情報《こじんじょうほう》を提供《ていきょう》しています。また、スマートフォンを使った場所や記録、交通IC《アイシー》カードの記録など、インターネットとつながるものには、趣味《しゅみ》や行動、生活状況《せいかつじょうきょう》など、他人にはあまり知られたくない「プライバシー」にかかわるデータがふくまれています。これらのデータから個人《こじん》が特定できる場合もあります。

データは社会の役に立ちますが、個人《こじん》を特定し、犯罪《はんざい》やトラブルにまきこむおそれもあります。個人情報《こじんじょうほう》やプライバシーにかかわるデータがもれることは、ニュースになるほど大変な出来事です。

名前や年齢《ねんれい》のデータを入力したゲーム機をインターネットにつなぐと、それらのデータがゲーム会社に登録されます。行ったゲームの記録とあわせると、おおよその生活リズムが見えてきます。

名前、年齢《ねんれい》、生活リズムがわかる

キャッシュカードやクレジットカード、電子マネーなどを使うと、お金の出し入れにかかわる情報《じょうほう》はすべて記録されます。この情報《じょうほう》がもれてしまうと、だれがいつ、いくら出し入れしたのかなどがわかってしまいます。

Key word

パーソナルデータ

個人情報《こじんじょうほう》やプライバシーにかかわるデータを、あわせて「パーソナルデータ」といいます。パーソナルデータを正しく集めて利用することで、例えば新しい治療法《ちりょうほう》や薬の開発などに役立っています（▶2巻《かん》28ページ）。

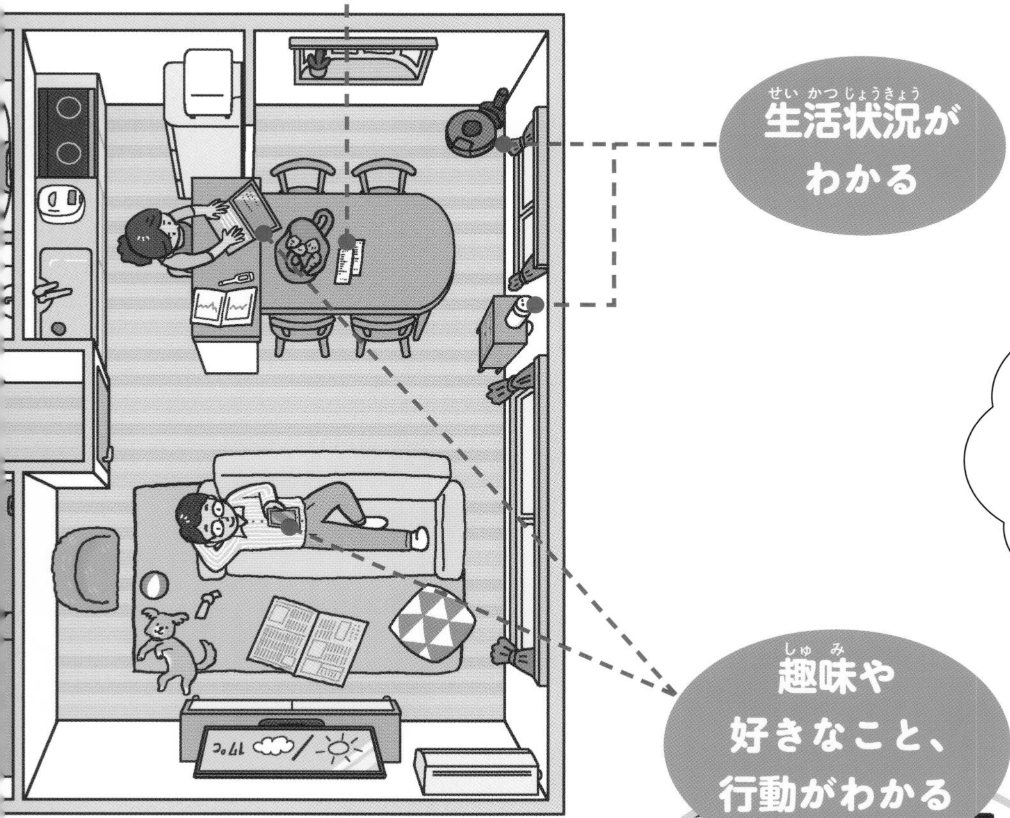

電気やガス・水道の利用データや、テレビ、エアコン、スマート家電の使用データからは、何人家族か、生活スタイルは夜型か朝型かなど、くらしの状《じょう》況《きょう》を想像《そうぞう》することができます。

交通IC《アイシー》カードで乗りおりした駅や日時の記録、SNS《エスエヌエス》（▶22ページ）の投稿《とうこう》からはふだんの行動をさぐることができます。また、パソコンやスマートフォンを使った際《さい》の検索履歴《けんさくりれき》から、興味《きょうみ》のあるものや好きなこと、趣味《しゅみ》などを知ることができます。

知ってておこう

きみのデータを守る法律《ほうりつ》と行動がある

データ活用が進む現代《げんだい》では、大切なデータを守りつつ、社会に役立てていくことが大事です。そのためにつくられた法律《ほうりつ》、わたしたちがとるべき行動について知っておきましょう。

安全に正しく使うための法律《ほうりつ》

個人情報《こじんじょうほう》保護法《ほごほう》

「個人情報保護法《こじんじょうほうほごほう》」は、個人《こじん》を特定する大切なデータが、いつでも正しく安全に守られるようにと決められた法律《ほうりつ》です。右のようなことが、規則《きそく》として記されています。

2022年4月以降《いこう》には、個人情報《こじんじょうほう》をあつかう会社が情報《じょうほう》をもらしたりなくしたりしたときは、「個人情報《こじんじょうほう》保護委員会《ほごいいんかい》」という監督機関《かんとくきかん》と本人にきちんと報告《ほうこく》することが義務《ぎむ》づけられます。一方で、個人《こじん》が特定できないように加工されたデータについては、利用や活用が積極的にできるようになります。

◆個人情報《こじんじょうほう》をあつかう会社が守ること

データを取りあつかう会社は次のことを守ることが、個人情報保護法《こじんじょうほうほごほう》で決められている。

☑目的を明らかにする

個人情報《こじんじょうほう》を集める目的を明確《めいかく》にして、公表することが決められています。例えばインターネット販売《はんばい》での個人情報《こじんじょうほう》の登録では、「クレジットカードの持ち主を確認《かくにん》し、買い物した商品を正しくとどけるために個《こ》人情報《じんじょうほう》を集める」といった目的が書かれています。

☑目的に必要なデータだけ集める

集める個人情報《こじんじょうほう》は、「目的に必要なものだけ」と決められており、どんなデータでも集められるわけではありません。例えばゲーム機では、ゲームの改良、新製品《しんせいひん》やサービスの開発に必要なものだけが集められています。

☑正しい方法で集める

大切な個人情報《こじんじょうほう》を集めるには、本人の同意が必要です。うそをついたり、内緒《ないしょ》で集めたりすることはできません。また、個人情報《こじんじょうほう》を登録する人が未成年の場合は、保護者《ほごしゃ》の同意がないと集めることができません。

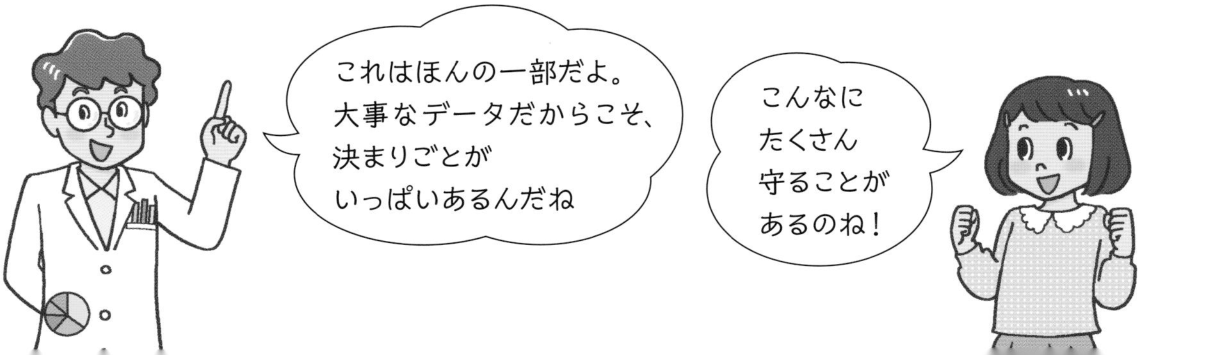

これはすごい!!

きちんと管理しているかどうかは「マーク」でわかる

個人情報《こじんじょうほう》を適切《てきせつ》に管理し、保護《ほご》しているとみとめられた会社などは、それをあらわす「プライバシーマーク」を使用することができます（右の画像《がぞう》）。

プライバシーマークをもっている会社は、お店や名刺《めいし》、封筒《ふうとう》、ホームページなど、利用する人がわかりやすいところにマークを表示《ひょうじ》しています。個人情報《こじんじょうほう》を提供《ていきょう》するときは、マークがあるかどうかを確認《かくにん》するようにしましょう。

（一般財団法人日本情報経済社会推進協会［JIPDEC］）

☑正しいデータを集める

個人情報《こじんじょうほう》は最新の正確《せいかく》なデータを集めなくてはいけません。また、必要がなくなった場合は、すぐに適《てき》切《せつ》な方法で消去する決まりになっています。

☑勝手にほかの人にわたさない

本人の同意なく、まったく別の会社などに個人情報《こじんじょうほう》をわたすことは禁止《きんし》されています。本人と特定できないように加工されたものでも、どのデータがどのような方法でどんな会社にわたされるかを公表しなければ、わたしてはいけない決まりになっています。

☑本人の依頼《いらい》にきちんとこたえる

集められたパーソナルデータは、いつでも本人が確《かく》認《にん》できることになっています。また、登録した人は、データの変更《へんこう》や利用をやめること、データを消すことをいつでも求めることができます。データを集めた会社は、こうした依頼《いらい》にしたがわなくてはいけません。

☑安全に管理する

個人情報《こじんじょうほう》を取りあつかう会社は、データがもれたりなくなったりしないように気をつけ、安全に管理しなくてはいけません。データを取りあつかう人は、個人情報《こじんじょうほう》保護《ほご》委員会《いいんかい》に監督《かんとく》され、指示《しじ》にしたがわなければいけません。

今日からできる

きみの行動

1 パーソナルデータを提供《ていきょう》するときは 大人に確認《かくにん》

LINE《ライン》やInstagram《インスタグラム》などのSNS《エスエヌエス》（▶22ページ）では、個人情報保護《こじんじょうほうほご》や安全に使うための設定《せってい》が細かくできるようになっています。プライバシーにかかわるデータをふくめた「パーソナルデータ（▶41ページ）」が、ほかの人に見られることのないよう、使う前に大人とよく相談し、正しく設定《せってい》しましょう。

慎重《しんちょう》にあつかうデータ

- 自分の名前、生年月日、住所、学校名、顔写真
- 家族の名前、生年月日、住所、仕事や職場《しょくば》、顔写真、クレジットカード情報《じょうほう》

2 提供《ていきょう》するデータについて考える

ゲームやアプリなどに登録する名前、住所などは、大切な個人情報《こじんじょうほう》です。また、ＩＤ《アイディー》、パスワード、パスワードのヒントは、ほかの人に知られてはいけない大切な情報《じょうほう》です。家族構成《かぞくこうせい》や親の仕事などについてもむやみに記入しないようにしましょう。登録する前に、「このデータから何がわかるか？」を考えるようにしましょう。

これに注意！

写真やコメントが「ヒント」になる

SNS《エスエヌエス》には、住所、電話番号、誕生日《たんじょうび》、メールアドレスなどの個人情報《こじんじょうほう》を書かないようにします。自分以外にも、家族や友だちの特定につながるコメントや、写真を投稿《とうこう》していませんか。また、注意しているつもりでも写真の背景《はいけい》に学校や住まいがうつっていることがあります。

悪気なく投稿《とうこう》したデータがヒントになり、家族や友だちのデータが世のなかに広まってしまうこともあります。SNS《エスエヌエス》での発信には十分に気をつけましょう。

3 何に使われるのか確認《かくにん》する

個人情報《こじんじょうほう》が求められる文章には、必ず利用目的や方法が書いてあります（▶42 ページ）。どのデータが何に使われるのかをきちんと理解《りかい》してから登録しましょう。

また、インターネットでは、公式なサイトとそうでないサイト、違法《いほう》なサイトがまざっています。登録を求められたときは、そのサイトが信頼《しんらい》できるものかどうかを確《かく》認《にん》しましょう。

4 こまったら大人に相談を

まちがって操作《そうさ》したり、アクセスした覚えのないサイトから問い合わせが来たりするなど、インターネットを使ってこまったことが起きたら、すぐに大人に相談しましょう。「しかられる」「もう使わせてもらえない」とほうっておくと、ますます大変なことになります。勇気を出して、何があったかをくわしく話しましょう。

こまったときに相談しよう！

個人情報保護法《こじんじょうほうほごほう》相談ダイヤル（個人情報保護委員会《こじんじょうほうほごいいんかい》）

自分の代わりに相手の会社に苦情《くじょう》を伝えてくれたり、専門《せんもん》の相談窓口《そうだんまどぐち》を紹介《しょうかい》してくれる。個人情報保護法《こじんじょうほうほごほう》について、ホームページ上で質問《しつもん》することもできる。

インターネット安全・安心相談（警察庁《けいさつちょう》）

コンピュータに知らない人からメールがくる、勝手に個人情報《こじんじょうほう》を使われたなど、インターネットにかかわる問題の解決《かいけつ》のヒントが紹介《しょうかい》されている。

消費者《しょうひしゃ》ホットライン（独立行政法人《どくりつぎょうせいほうじん》国民生活《こくみんせいかつ》センター）

個人情報《こじんじょうほう》を提供《ていきょう》したあとで、「削除《さくじょ》を求めたのに対《たい》応《おう》してもらえない」「インターネットの掲示板《けいじばん》にプライバシーにかかわることを書かれた」といった問題について、電話で相談できる。

全《ぜん》巻《かん》共通さくいん

【さくいんの見方】
❶ 5…1巻《かん》の5ページ

データで変わる！産業とくらし
1 データを知ろう

監修　稲田修一（いなだ・しゅういち）

九州大学大学院工学研究科修士課程修了（情報工学専攻）、米国コロラド大学大学院修士課程修了（経済学専攻）。1979年に郵政省（現総務省）入省。情報流通など、ICT分野の政策立案や技術開発を担当。2012年に退官後、東京大学先端科学技術研究センター特任教授を経て、早稲田大学研究戦略センター教授。

指導協力　小林宏己（こばやし・ひろみ）

早稲田大学教育・総合科学学術院教授

ブックデザイン　周 玉慧
企画・編集　増田秀彰・渡部のり子（小峰書店）
編集協力　羽山奈津子（オフィス201）・田原朋子
表紙イラスト　いたばしともこ
イラスト　福場さおり・いたばしともこ
DTP　株式会社 明昌堂
校正　遠藤三葉

2021年 11月 30日　第 1 刷発行

監　修　者　稲田修一
発　行　者　小峰広一郎
発　行　所　株式会社 小峰書店
〒 162-0066　東京都新宿区市谷台町 4-15
電話　03-3357-3521
FAX　03-3357-1027
https://www.komineshoten.co.jp/

印刷・製本　図書印刷株式会社

NDC600　47P　29 × 23cm
ISBN 978-4-338-34501-9

●参考文献

稲田修一『知識ゼロからのビッグデータ入門』（幻冬舎）
稲田修一『ビッグデータがビジネスを変える』（アスキー・メディアワークス）
岡嶋裕史『ビッグデータの罠』（新潮社）
西垣 通『ビッグデータと人工知能 可能性と罠を見極める』（中央公論新社）
渡辺美智子 監修『親子で学ぶ！ 統計学はじめて図鑑』（日本図書センター）
涌井良幸『子供の科学★ミライサイエンス 統計ってなんの役に立つの？』（誠文堂新光社）
村井 純・佐藤雅明 監修『子供の科学★ミライサイエンス コンピューターってどんなしくみ？』（誠文堂新光社）
ジャクリーヌ・ド・ブルゴワン『暦の歴史』（創元社）
NTT東日本 経営企画部 広報室 監修『地域の課題解決へ 実践ICT 人手不足対策、生産性向上、技術継承への取り組み』（リックテレコム）
NTT東日本 ビジネス開発本部 監修『地域で活きる実践IoT 自治体、農業、倉庫・工場の活用事例』（リックテレコム）
松下孝太郎・山本 光『やさしくわかるデジタル時代の情報モラル 1　基本編』（技術評論社）
NHK「スマホ・リアル・ストーリー」制作班『NHKスマホ・リアル・ストーリー 知らないとこわい！スマホ・SNSとの正しいつきあいかた』（岩崎書店）

〔WEBサイト〕
総務省統計局（https://www.stat.go.jp）
富山市（https://www.city.toyama.toyama.jp）
福岡市（https://www.city.fukuoka.lg.jp）
滋賀県防災情報マップ（https://shiga-bousai.jp/dmap/top）
飯能市（https://www.city.hanno.lg.jp/article/detail/4775）
e-Gov法令検索
（https://elaws.e-gov.go.jp/document?lawid=415AC0000000057）

●取材協力

アスクル株式会社
防災科学技術研究所